RONDE
ET
ÉPANOUIE!

Données de catalogage avant publication (Canada)

Erdman, Cheri

    Ronde et épanouie!
    Traduction de: Nothing to lose

    1. Femmes obèses - Santé mentale.   2. Estime de soi chez la femme.
    3. Schéma corporel.   4. Obésité - Aspect psychologique.   5. Acceptation de soi.
    I. Titre.

RC552.O25E7314   1995   158', 1' 082   C95-941497-5

DISTRIBUTEURS EXCLUSIFS:

• Pour le Canada et les États-Unis:
LES MESSAGERIES ADP*
955, rue Amherst
Montréal, Québec
H2L 3K4
Tél.: (514) 523-1182
Télécopieur: (514) 939-0406
* Filiale de Sogides ltée

• Pour la Belgique et le Luxembourg:
PRESSES DE BELGIQUE S.A.
Boulevard de l'Europe 117
B-1301 Wavre
Tél.:(10) 41-59-66
    (10) 41-78-50
Télécopieur: (10) 41-20-24

• Pour la Suisse:
TRANSAT S.A.
Route des Jeunes, 4 Ter
C.P. 125
1211 Genève 26
Tél.: (41-22) 342-77-40
Télécopieur: (41-22) 343-46-46

• Pour la France et les autres pays:
INTER FORUM
Immeuble Paryseine, 3 Allée de la Seine
94854 Ivry Cedex
Tél.: (1) 49-59-11-89/91
Télécopieur: (1) 49-59-11-96
Commandes: Tél.: (16) 38-32-71-00
    Télécopieur: (16) 38-32-71-28

Dépôt légal: 4ᵉ trimestre 1995
Bibliothèque nationale du Québec

ISBN 2-7619-1291-8

Dr Cheri K. Erdman

RONDE ET ÉPANOUIE!

Traduit de l'américain
par
Alain-Xavier Arpino

*À la prochaine génération de femmes et plus spéciale-
ment à mes nièces Nicole, Erin et Kristen Erdman.
Puissiez-vous grandir en acceptant, en respectant et en
aimant toujours votre corps tel qu'il est.*

Une femme ne peut pas réveiller tout un peuple en lui disant simplement de changer. Mais elle peut changer d'attitude vis-à-vis d'elle-même, ce qui induit par ricochet des comportements remettant en question les projections de la société. Elle peut y parvenir en se réappropriant son corps, en ne renonçant pas au plaisir qu'il lui procure naturellement, en n'adhérant pas à l'illusion populaire que le bonheur est réservé à celles qui ont une certaine corpulence ou un certain âge, en n'attendant pas ou en ne se retenant pas de faire quoi que ce soit, mais en reprenant sa vie en main et en la vivant pleinement. Ce processus dynamique d'acceptation et d'estime de soi est à l'origine de tout changement dans la société.

CLARISSA PINKOLA ESTÉS
Women Who Run with the Wolves

Remerciements

Lorsqu'un livre est publié, le lecteur ne voit que le produit fini. Cependant, ce genre de livre ne dépend pratiquement jamais de l'écrivain tout seul, mais aussi de l'aide, du soutien et de l'encouragement qu'il reçoit de nombreuses personnes. Ce livre reflétant un processus personnel qui s'est déroulé pendant toute ma vie, un grand nombre de gens ont pu contribuer à sa forme, à son cœur et à son âme. Voici donc les remerciements que je leur adresse.

Aux femmes d'«Abundia», les véritables accoucheuses de ce livre: Sally Strosahl, Jeanette Zweifel, Barbara Spaulding et Sue Ross.

À Patricia Monaghan, une femme d'abondance dans la chair, dans l'esprit et dans la créativité, qui m'a fourni sans relâche les encouragements, le soutien, les renseignements, les ressources et les contacts dont j'avais besoin pour pouvoir transformer une simple idée en livre.

À Marylin Marchetti, qui m'a aidé à trouver ma voix.

À Jeannie Kokes pour m'avoir laissé la latitude d'exprimer les multiples facettes de ma personnalité dans son acceptation totale et son amour.

À Jerry Perlmutter pour m'avoir permis de traverser les moments difficiles.

À mes maîtres qui m'ont soutenue et ont soutenu mon projet de recherche: Robert Nejedlo, Laura Smart, Paul Isley et Mary Farnum.

À toutes les femmes qui m'ont raconté leur histoire et surtout à celles que j'ai interrogées pour mon étude et celles qui ont suivi mes cours et mes ateliers pendant des années. Merci de la confiance dont vous m'avez honorée en me faisant part de vos histoires de douleur et de succès.

À tous ceux et celles qui m'ont aimée au cours des ans sans égard pour la forme et la taille de mon corps ou l'état de ma psyché: Barbara Robinette, Art Snedekar, Carol Petok, Vicki Koutavas, Lois Neville, Lorin Katz, David Rigg, Les Borzy, Nancy Perkins, Bob Pearman, Nancy Lenz, M. J. Hartwell, Jim Frank, Jenna Eisenberg, Sarah Delcourt, Clare Tropp, Christine Walsh, Vicki Knauerhase, Ginger Barson, Carole Damien, Abby Davis, Bob Berger, Chet Witek, Karen Heifitz, Mike Saba, Mark Scheerer, Marcantonio Squatrito, Mary Gayle-Floden, Mary Holdway, Nancy et Paul Svoboda, Donna Ramberg, Joanne Hill, Tammy De Boer, Jonna Wing et Norman Chambers.

À ceux qui croyaient que ce livre aurait pu sortir plus tôt: Jo Ann Wolf, Susan Koppelman, Joyce Fletcher, Betty Elliott, Jeff Edwards et Lois Bartholomew.

À mon cercle de mentors, de collègues et d'amis qui partagent l'idée que quiconque a de la valeur, et surtout les personnes corpulentes: Marcia Hutchinson, Donna Ciliska, Pat Lyons, Jane Benson, Carol Johnson, Alice Ansfield, Rick Zakovich et Joe McVoy.

Au groupe No Limits for Women Artists et tout spécialement à Deb Trent, Etta Worthington et Carol Poston.

À ma famille et, particulièrement, à ma grand-mère Nan, à ma mère et mon père, Dolores et William Edman, à mes frères Patrick, Michael, Chistopher et Bill Erdman. Merci de tout cœur d'avoir cru que j'étais capable d'accomplir tout ce qui me tenait à cœur et de me l'avoir exprimé aussi souvent.

Et enfin, à mon mari, Terry Jones, dont l'amour inconditionnel m'a assuré une solide base pour m'élever et un filet de sécurité pour me préserver. Merci de m'avoir toujours aimée comme je suis.

12

Introduction

J e suis grosse. Je traîne ce qualificatif et ce stigmate depuis l'enfance. Je ne me souviens pas d'un seul jour où je n'ai pas eu conscience d'être grosse... même lorsque j'étais mince.

Je possède un doctorat et je suis thérapeute et éducatrice. Par moments, mon identité professionnelle me dissimule mon identité de femme grosse mais, la plupart du temps, mon «moi de grosse» et mon «moi professionnel» sont fusionnés. Grâce à cette fusion, j'ai la chance unique de pouvoir étudier toutes les images corporelles des femmes et de comprendre celles-ci comme seule une personne grosse le peut.

J'ai appris bien des choses en progressant dans l'acceptation de ma corpulence. Certaines de ces leçons m'ont été enseignées par ma propre douleur: la honte d'être grosse, la culpabilité résultant de mon incapacité à ne pas reprendre le poids perdu et l'atteinte à ma dignité due au jugement d'autrui sur mon apparence physique.

Certaines de ces leçons m'ont été enseignées par la découverte de réponses à des questions dictées par ma douleur comme «Pourquoi ai-je honte de mon corps alors que je sens au plus profond de moi que je n'ai rien fait de mal? Pourquoi ai-je un tel sentiment d'échec envers les régimes alimentaires alors que j'ai perdu au moins 180 kilos (400 lb) dans ma vie? Pourquoi faut-il que je regrossisse toujours alors que je ne fais pas d'excès et que je ne mange pas de manière compulsive? Pourquoi les autres continuent-ils à me considérer comme mauvaise, stupide, paresseuse ou repoussante en ne voyant que ma corpulence alors que je ne suis rien de tout cela?»

Ces pensées ont été les semences qui ont germé pendant les vingt ans d'une odyssée passée à résoudre le dilemme d'être une femme grosse qui ne correspondait pas à ce stéréotype et avait provoqué la prise de conscience *qu'aucune* femme grosse ne lui correspondait. À ce stade de ma vie, en dépassant le stéréotype de femme grosse, je ressens une extraordinaire liberté et une satisfaction bien méritée découlant de mon caractère unique d'être grosse. Parce que je me sens encouragée par ces sentiments, j'ai écrit ce livre comme un moyen d'encourager d'autres femmes grosses à se libérer de ce stéréotype.

Je me souviens de la première fois où j'ai parlé de ma corpulence avec d'autres femmes grosses sans que nous échangions aussitôt des régimes amaigrissants. Nous étions en 1971 et nous avions formé un groupe de femmes. Je me souviendrai toujours de cette réunion, car ce fut la première fois où je ne me suis pas sentie coupable d'être grosse.

En 1981, dix ans plus tard, ma démarche a commencé à prendre un tour plus sérieux. J'ai organisé un atelier qui remettait en question la relation entre la nourriture et la corpulence ainsi que la notion que tous les gros étaient des mangeurs compulsifs ou des goinfres. J'étais dans une position délicate parce que je savais par expérience et par intuition que ce n'était pas vrai, et je présentais ces idées alors que je pesais 90 kilos (200 lb). Beaucoup plus tard, j'ai découvert des recherches montrant que, en moyenne, les gros ne mangeaient pas plus que les minces. Et ce n'est que très récemment que la recherche a pu remettre en question la relation entre le fait de souffrir d'un trouble de l'alimentation et d'être trop gros (voir les notes de ce chapitre, à la fin du livre, pour plus de renseignements).

En 1982, j'ai donné un des premiers cours universitaires sur les femmes et leur image corporelle dans lequel je m'élevais contre la notion admise que la minceur était nécessaire à une image de soi positive. Pendant les huit années suivantes, j'ai exploré l'image corporelle et les troubles de l'alimentation d'un point de vue académique et professionnel et j'ai rédigé une thèse de doctorat sur le processus d'acceptation de la corpulence chez des femmes grosses et en bonne santé. En 1990, j'ai utilisé ces recherches pour bâtir et donner un cours universitaire centré sur l'acquisition de l'estime de soi chez les femmes grosses.

Avec les années, j'ai parlé de ce sujet de manières formelle et informelle avec des centaines de femmes de toute corpulence. Certaines faisaient partie de ma recherche, d'autres avaient suivi mon cours, d'autres avaient été en thérapie avec moi, d'autres encore étaient des amies et j'avais connu certaines autres dans des réceptions, des piscines ou des vestiaires. Les femmes passent un temps incroyable à parler de leur corps!

Ne vous faites toutefois pas trop d'idées fausses. Au départ, je n'étais pas «grosse et heureuse de l'être». Mes convictions à propos de l'alimentation, des régimes et de l'acceptation de ma corpulence ont évolué avec les années en même temps que mon expérience à ce sujet. Ma première réalisation a été de cesser tout régime en 1987. En agissant ainsi, j'ai commencé à manger plus sainement et mon poids s'est stabilisé. Puis j'ai sérieusement entrepris de vivre ma vie dans le corps que je possédais — mon *gros* corps —, ce qui est l'essence même de l'acceptation de sa corpulence.

Ce livre est basé sur mon expérience personnelle, ma recherche, mon enseignement, ma thérapie et mes discussions avec des femmes, et surtout des femmes grosses. C'est une tentative de traduction de nos expériences d'acceptation de notre corps afin d'en faire profiter le lecteur.

Il est écrit pour toutes les femmes qui doivent se battre avec leur poids et leur image corporelle, mais il l'est plus spécialement pour celles de forte corpulence. Puisque je suis l'une d'elles, je me sens plus proche de celles qui me ressemblent. Je sais que tout a été fait pour que nous nous sentions coupables vis-à-vis du corps médical et de l'industrie des régimes et que nous nous sentions honteuses malgré les bonnes intentions de nos familles et de nos amis. Si vous êtes aussi l'une d'elles, j'ai écrit ce livre pour vous aider à découvrir votre originalité et vous donner de l'espoir. Je vous souhaite d'accepter votre corpulence et vous-même, et de commencer dès maintenant à vivre la vie que vous souhaitez et que vous méritez.

Ce livre est aussi écrit pour les femmes de toute corpulence qui commencent à s'apercevoir qu'elles ne parviendront jamais à atteindre leur poids «idéal». Ce sont celles qui perdent et reprennent année après année les mêmes 7 kilos (15 lb) et qui ne paraissent pas grosses mais en ont l'impression. Si vous faites partie de ces dernières, la lecture de ce livre devrait pouvoir vous aider à vous rendre compte que ce combat pour atteindre votre corpulence «idéale» n'en vaut pas la peine, surtout si vous en avez fait le but de votre vie et s'il a consommé toute une énergie qui aurait pu être employée à d'autres fins.

Ce livre peut apporter les informations, le soutien et l'encouragement nécessaires aux femmes de toute corpulence pour qu'elles parviennent à s'accepter telles qu'elles sont. Il vous aidera à libérer l'énergie que vous aviez l'habitude de gaspiller en régimes et en insatisfaction de votre corps et à l'utiliser pour faire tout ce que vous aviez rêvé de faire: peindre, danser, écrire, faire des études, acquérir une nouvelle garde-robe, déménager, changer d'emploi ou commencer une nouvelle relation amoureuse.

Ce livre est divisé en trois parties. La première, «Mythes et réalités», donne les informations qui combattent les nombreuses erreurs courantes sur la corpulence: la minceur a toujours été désirable, les personnes grosses sont en mauvaise santé et malheureuses et le seul moyen de sortir de ce cercle vicieux est de continuer à essayer de maigrir.

La deuxième partie, «Qui croyons-nous donc être?», décrit des femmes grosses et en bonne santé qui ont accepté leur corpulence et se sont acceptées elles-mêmes. Les chapitres de cette section traitent de notre conception de nous-mêmes, de notre image corporelle et de notre esprit.

La troisième partie, «Un guide pour une vie saine», décrit le processus d'acceptation de soi que j'appelle la «spirale de l'acceptation de soi». Ses quatre phases, ainsi que leurs comportements associés, sont clairement exposées. Cette partie traite aussi de la

16

thérapie comme d'une option dans le mouvement de l'acceptation de soi, ainsi que de la manière de choisir un thérapeute. (L'annexe 2 est spécialement destinée aux thérapeutes. Elle traite des hypothèses psychologiques qu'ils peuvent avoir vis-à-vis de leurs clients corpulents.)

Le dernier chapitre est une histoire écrite dans le but de vous mettre en contact avec votre moi profond. Elle met en scène une fillette du nom d'Abondia, dont le destin est d'apprendre que sa beauté, sa vérité et son rôle dans la vie dépendent de sa capacité à valoriser la diversité de la nature, à écouter son cœur et à s'accepter telle qu'elle est.

Chaque chapitre commence par une de mes histoires vécues qui en illustre le thème et le relie au processus d'acceptation de la corpulence. Je tiens à vous en faire part parce que je sais que se raconter est un des moyens les plus puissants pour y parvenir. Le thème du chapitre est développé avec des recherches et agrémenté de commentaires de femmes (dont les noms ont été changés pour préserver l'anonymat) qui ont discuté avec moi de leur expérience d'acceptation de leur corpulence. Chaque chapitre se termine par une liste d'activités destinées à soutenir votre effort dans l'acceptation de vous-même et de votre corpulence.

N'oubliez pas qu'il s'agit d'un processus. Personne ne peut, un beau jour, se réveiller et décider de se mettre simplement à aimer son corps. Il faut un effort conscient et quotidien, du premier regard dans votre miroir le matin, jusqu'à la décision de ce que vous allez manger et à quel moment, et jusqu'à la manière dont vous vous sentez entre vos draps la nuit. Soyez patiente et bonne avec vous-même. Cela demande du temps. Recherchez du soutien. Si vous n'êtes pas prête à parler de ce sujet à n'importe qui, vous pouvez rédiger un journal intime. Ou trouver une amie qui ne fera que vous écouter, sans vous donner de conseils. Ou commencer un petit groupe de discussion avec quelques amies qui souhaitent explorer ensemble ce sujet et les sentiments qui s'y rattachent. (Voir l'annexe 3 pour une suggestion de groupe de soutien basé sur ce livre.) Ce livre contient aussi de nombreuses suggestions qui pourront vous aider à trouver le soutien dont vous avez besoin.

Je souhaite maintenant vous parler des régimes, de leur relation avec l'acceptation de la corpulence et de leur place dans ce livre. Je crois sincèrement qu'une femme de n'importe quelle corpulence ne peut pas parvenir à accepter son corps tant qu'elle fait un régime. Nous faisons des régimes pour modifier notre corps et non pas pour pouvoir l'accepter. En ne faisant pas de régime, nous faisons un effort pour l'accepter tel qu'il est. Ce livre étant basé sur une étude réalisée avec des femmes corpulentes ne faisant pas de régimes, il ne traite pas des autres problèmes relatifs aux comportements alimentaires comme la suralimentation ou l'alimentation compulsive. Je comprends que certaines d'entre vous souhaitent apprendre comment accepter leur corpulence et explorer vos préoccupations sur le comportement alimentaire et les régimes. Si vous êtes l'une d'elles, lisez l'annexe 1, «Un mot sur les régimes et l'alimentation compulsive», à la fin du livre.

Finalement, je voudrais parler des expressions *poids excessif, obèse, grosse* et *grasse*. Notre société n'a pas intégré les changements d'attitude vis-à-vis de la corpulence et nous n'avons donc aucun mot exempt de jugement de valeur pour décrire une femme corpulente. Je n'aime pas l'expression *poids excessif* parce qu'elle sous-entend un poids «normal» que l'on peut excéder ou ne pas atteindre. De la même manière, je réfute le mot *obèse* parce que le corps médical l'utilise comme un synonyme de malade.

Dans toute cette introduction, j'ai utilisé alternativement les mots *grosse* et *corpulente*. Je me rends compte que vous avez pu vous sentir mal à l'aise lorsque j'utilisais le mot *grosse*. Tout cela est compréhensible, car il est chargé d'une connotation péjorative et inductrice de honte. Cependant, à défaut d'un autre choix, je préfère utiliser l'expression *grosse*. J'ai appris à devenir moins susceptible à son contenu «négatif» et j'ai commencé à l'utiliser telle qu'elle devait l'être, c'est-à-dire comme une expression dénuée de jugement moral. Mais désirant vraiment que vous lisiez ce livre, j'utilise aussi parfois l'expression plus anodine de *corpulente*. (Dans le même esprit, être grosse signifie aussi être puissante, forte et bien en chair, avoir du poids dans le monde, avoir du poids à projeter, avoir une pensée large et un grand cœur, qui sont toutes des qualités!)

18

À ce stade, vous risquez de vous dire que vous ne vous accepterez jamais à votre poids actuel. Ou vous risquez de penser que tout — même en acceptant votre corpulence — vaut mieux que la vie dans un monde rejetant votre corps. Quelle que soit l'orientation de vos pensées et de vos sentiments, si vous avez pris la décision de continuer à lire ce livre, je vous offre mes encouragements et tout mon soutien. Après tout, à bien y penser, vous n'avez rien à perdre! Aussi, commençons.

Première partie

Mythes et réalités

Chapitre premier

Peut-on être mince au-dedans et corpulente au-dehors?

Revenons en 1953, une quarantaine d'années en arrière. J'avais alors cinq ans et j'allais à la maternelle. J'étais une petite fille très douée avec un QI élevé. J'aimais l'école, mais j'étais grosse. Ma maîtresse qui se souciait de moi s'inquiétait aussi de mon poids. Elle aussi était grosse et souhaitait peut-être m'épargner toute une vie de honte. Quelles qu'aient pu être ses intentions, elle a toutefois été responsable d'un événement qui allait modifier ma vie pour toujours: elle a convaincu mes parents de m'inscrire dans une «école pour enfants aux besoins nutritionnels spéciaux». C'est une manière élégante de dire qu'elle m'a sortie de mon milieu familial pour me faire suivre un régime amaigrissant. J'y suis restée pendant plus d'un an. Mes parents m'ont dit qu'ils venaient me voir une fois par semaine le vendredi soir, que j'avais perdu 11 kilos (25 lb) et que j'avais l'air heureuse.

Je n'en ai gardé aucun souvenir. Je dois faire confiance à la mémoire de mes parents, car je me souviens très peu de ces treize mois. En fait, il me reste un seul souvenir précis de cette année.

J'étais dans la cour de récréation avec les autres enfants par une belle journée de printemps. Pendant que je me balançais, un bruit m'a fait lever les yeux. Au-delà de la clôture qui séparait la cour de l'école de l'entrée, il y avait une voiture que je connaissais bien. Mon cœur a battu plus fort lorsque j'ai réalisé que c'était celle de mes parents. J'ai escaladé la clôture et j'ai observé attentivement, espérant entrevoir ma mère. Mais je n'ai vu que Patrick, mon frère. Il m'avait vue lui aussi. Nous nous sommes regardés tous les deux languissamment depuis nos prisons: une cour de récréation clôturée, une voiture fermée, une école pour des enfants différents, des adultes qui croyaient faire de leur mieux et une société qui commençait à haïr tellement les personnes grosses qu'elle avait conçu un lieu spécial pour y faire maigrir les enfants.

Je n'oublierai jamais ce que j'ai ressenti à ce moment-là parce que c'est comme si le temps s'était arrêté et que mon frère et moi nous nous regardions depuis toujours. Je le voyais aussi dans ses yeux de petit garçon de quatre ans. La sensation de vide entraînée par notre séparation me paraissait immense. Elle m'envahissait complètement.

En me rapportant à ma première expérience de conscience de mon corps, je suis prise d'une immense tristesse pour la fillette de cinq ans qui vit toujours en moi. Je l'imagine prise avec tous ses sentiments d'abandon et de rejet provoqués au nom de ce qui était bon pour elle et j'aimerais pouvoir lui dire merci d'avoir été assez courageuse et forte pour supporter la séparation d'avec sa famille. Merci d'avoir été assez tenace pour pouvoir refaire surface. Merci de m'avoir donné de la compassion. Merci d'avoir porté et nourri le germe de ma future profession. Merci d'avoir été grosse parce que, dans le cas contraire, je n'aurais pas la vie riche qui est la mienne aujourd'hui.

Adulte, lorsque je repense à cette expérience, j'essaie de ne pas être trop dure avec mes parents ni ma maîtresse, car je suis certaine que leurs intentions étaient bonnes. J'ai appris depuis que la «guerre à la graisse» avait débuté en 1953 et que l'on craignait alors que les enfants gros ne soient pas en bonne santé. Si j'étais née en 1900, ma silhouette aurait été considérée comme très saine, car elle m'aurait évité de nombreuses maladies infantiles.

En réalité, la lecture de l'histoire de l'image corporelle de la femme a été un facteur important pour que j'accepte ma corpulence en m'aidant à diminuer la honte que j'en éprouvais. Quelle libération d'apprendre qu'à certaines époques, le fait de posséder un corps plantureux était à la mode, très sain et sexy. Si cela s'était produit jadis, cela pouvait certainement se reproduire!

Pour vous permettre de débuter un processus personnel d'acceptation de votre corpulence et de vous-même, je voudrais vous faire part de ce que j'ai appris. Je vous promets que vous éprouverez beaucoup d'espoir en sachant que le genre de corps que vous possédez aujourd'hui a déjà été considéré comme un gage de bonne santé *et* de désir.

Avant de commencer, laissez-moi toutefois vous rappeler que les renseignements de ce chapitre ne sont qu'un résumé. Puisque les données que je présente viendront certainement bousculer ce que vous savez et croyez déjà, je vous incite à lire les notes pour y trouver mes références.

Petite histoire culturelle du poids

Notre société, comme chacun de nous pris individuelle-ment, a une histoire de poids. Au début, avant que l'histoire ne soit écrite, nos ancêtres vouaient un culte à une déesse plantu-reuse comme le montre la statue de femme, datant du paléolithique, au ventre rond, aux larges hanches et à l'énorme poitrine, la *Vénus* de Willendorf. Les historiens modernes interprètent ces caractères physiques comme des symboles de créativité, de ferti-lité, de nourriture, de maternité et de bonté. Pour nos ancêtres, cette femme plantureuse idéale représentait la perpétuation de l'espèce humaine vue à travers le corps abondant et mystérieux de la femme.

À des époques plus récentes, la femme forte a aussi été appré-ciée, admirée et désirée. Les femmes idéales grecques et romaines étaient évoquées par Aphrodite et Vénus qui, à en juger par leurs représentations artistiques, seraient classées parmi les femmes grosses selon nos critères actuels. Au XVIIe siècle, Rubens et Rembrandt peignaient des corps de femmes plantureux et ronds, conformes aux canons de beauté de leur époque. Vues par les yeux d'une femme des années 1990, ces beautés seraient probablement grosses et repoussantes.

À la fin du XIXe siècle, la femme idéale américaine possédait une silhouette plantureuse. Lillian Russel, la coqueluche américaine de l'époque, pesait plus de 90 kilos (200 lb). La femme mince était enduite de crèmes et bourrée de pilules et de potions pour acquérir une allure forte. La mode vestimentaire venait au secours de nos infortunées consœurs trop minces en leur procurant des faux seins, des fausses hanches et des fausses cuisses qui comportaient des fossettes... que nous qualifierions aujourd'hui de cellulite.

Au cours de cette période, la médecine faisait aussi l'éloge de la stature plantureuse, car un corps massif était considéré comme plus en mesure de lutter contre la maladie. Pour la même raison, les compagnies d'assurances nouvellement constituées écartaient les candidates minces et préféraient les plus dodues.

La minceur, qui avait été à la mode au XVIIIe siècle, redevint la norme des années 1920 à 1939. La découverte des calories — mais oui, les calories n'ont pas toujours existé — et l'invention du pèse-personne ont contribué à cet idéal de minceur en incitant les femmes à faire des régimes amaigrissants et à se peser.

En 1940 toutefois, les magazines de mode publiaient des articles sur la manière de *ne pas* être trop mince et les pin up plantureuses étaient à la mode.

La «guerre aux rondeurs» est devenue sérieuse dans les années 1950 et a progressé dans les années 1960 avec l'arrivée de Twiggy, le mannequin «filiforme». Nous avons alors dû vivre dans un climat social où les personnes grosses et la graisse étaient considérées comme des ennemies. La médecine et les industries des régimes, des assurances, de la forme physique et de la mode se sont toutes alliées pour créer un monde sans graisse.

Il existe un mouvement pendulaire pour toutes les tendances qui n'épargne pas l'Histoire; nous pensons d'abord d'une certaine manière, puis nous pensons le contraire. Des périodes de mode à la rondeur ont été suivies par des périodes de mode à la minceur. Les préférences changent et la manière dont la société voit le corps de la femme aujourd'hui n'est pas la même que celle de demain. Ces changements sont imprévisibles. Ils sont souvent arbitraires, dépendent des caprices des dessinateurs de mode et des inventions de la science et ils ne reflètent pas nécessairement les progrès constants de la science.

Puisque l'Histoire semble devoir se répéter, il est grand temps de faire revenir le pendule de notre côté. Nous pouvons y parvenir en modifiant nos conceptions à propos de notre corps et en nous les réappropriant comme une affaire personnelle et non pas comme une affaire de société. Ce livre renferme toute la sagesse des femmes ayant traversé ce processus et il pourra vous aider à changer votre attitude vis-à-vis de votre corps.

L'infâme tableau de rapport taille/poids

L'industrie de l'assurance vie a apporté une contribution importante à notre perception négative des personnes grosses. En publiant un tableau de poids désirables, elle a créé et entretenu la notion que ces dernières mouraient plus tôt que les minces. Ce tableau de correspondance normale entre le poids et la taille qui nous a tyrannisées pendant des années a néanmoins un intérêt historique. La connaissance de ce qui est à sa base et sa *remise en question* sont des informations qui devraient nous permettre d'accepter beaucoup plus facilement notre corpulence.

En 1940, un biologiste du nom de Louis Dublin a conçu un «tableau du poids idéal» pour la Metropolitan Life Insurance Company grâce à ses travaux de recherche statistique — spécialité qui n'est pas une analyse causale scientifique — à l'intention des souscripteurs d'assurance vie. Son étude montrait l'existence d'une relation entre le poids corporel et le taux de mortalité. En examinant soigneusement son tableau, on peut cependant constater des défauts nombreux et graves.

Les personnes utilisées pour cette étude n'étaient pas représentatives de la population. Celles dont les poids figuraient dans le

27

tableau faisaient partie d'un groupe sélectionné désireux de sous-
crire une assurance vie, ce qui signifiait que la plupart étaient des
hommes de race blanche à la situation économique confortable et
aux ancêtres européens minces et de grande taille.

Il n'existait pas de procédure standardisée pour recueillir le
poids corporel et de nombreux hommes indiquèrent un poids inférieur à la réalité. Par conséquent, de nombreux hommes de poids
excessif furent classés dans la catégorie de poids normal. De plus,
ils n'indiquèrent leur poids qu'une seule fois, au moment de sous-
crire leur assurance. Cela signifie donc qu'aucun renseignement
sur ses fluctuations au cours de leur vie n'a été recueilli. Nous
savons cependant que nous possédons une tendance naturelle à
prendre du poids au fur et à mesure que nous vieillissons, mais
cette notion n'est jamais apparue dans l'étude. Les chercheurs ne
recueillirent pas non plus de données lorsque les détenteurs de
polices mouraient, ce qui explique certainement pourquoi Dublin
pensait que les assurés devaient peser le poids idéal d'un homme de
25 ans à l'âge où ils avaient souscrit l'assurance.

Par exemple, un homme de 25 ans souscrivait une assurance
vie et indiquait un poids de 72 kg (160 lb) alors que son poids réel
était de 79 kg (175 lb). À 72 kg (160 lb), il aurait eu le poids idéal
pour son groupe d'âge et sa taille. Il aurait toutefois été trop lourd
si l'on tenait compte de son poids véritable de 79 kg (175 lb). À
40 ans, il tombait malade et maigrissait de 14 kg (30 lb). Après
guérison, il reprenait ses 14 kg (30 lb) et gagnait encore 5 kg (10 lb).
En vieillissant, il grossissait de 9 kg (20 lb) ce qui l'amenait à 93 kg
(205 lb) et lui faisait maintenant dépasser son poids «idéal» de 21 kg
(45 lb). Au moment de sa mort à 72 ans, il pesait 88 kg (195 lb)
mais sa compagnie d'assurances possédait toujours son poids de 72
kg (160 lb) et utilisait ce poids idéal déclaré comme «preuve» de
sa longévité. Si son véritable poids à son décès avait été connu, il
aurait été considéré comme obèse selon les normes de la compagnie d'assurances et, selon ses statistiques, il n'aurait pas dû vivre
aussi longtemps.

Les études les plus récentes pour les assurances vie ont été
publiées en 1983, mais elles présentaient toutes le même problème. Les assurés essentiellement blancs et de sexe masculin ne

représentaient qu'une infime minorité de la population variée et multiculturelle des États-Unis. Et, à part les indications sur les troubles de santé manifestes, cette étude ne faisait aucun ajustement pour des différences comme le stress et l'usage du tabac qui influencent aussi l'espérance de vie.

Depuis 1980, un grand nombre d'études ont corrigé les lacunes de la recherche de Dublin et contredit ses conclusions. La plus importante d'entre elles a été effectuée par Ancel Keys. Il a coordonné 16 projets à long terme dans 7 pays différents. *Il a découvert dans toutes ces études que le fait d'être trop gros n'était pas un facteur de risque majeur capable d'entraîner la mort ou d'engendrer des maladies coronariennes.* De nombreuses autres études faites en Amérique et en Europe ont obtenu des résultats comparables: les pires taux de longévité ne se retrouvent qu'avec la minceur et l'obésité *extrêmes,* ce qui laisse un large éventail de poids «sains» entre les deux. En fait, la théorie de Dublin n'est soutenue que par sa seule étude.

Dublin a aussi pris la liberté de changer la signification des tableaux. Avec l'accord de la Metropolitan Life Insurance Company, il a pris la moyenne des poids dans chaque tranche du tableau et l'a abaissée au poids «idéal» que chacun devrait peser pour jouir d'une bonne santé.

Il a aussi redéfini la signification de l'*excès de poids* et de *l'obésité.* Avant 1950, les médecins avaient toujours considéré l'obésité comme malsaine tout en la plaçant à une extrémité de l'échelle des poids n'affectant qu'un faible pourcentage de la population. Dublin a pris comme définition de l'excès de poids un dépassement de 10 p. 100 du poids *idéal* — et non pas du poids moyen — et a défini l'obésité comme un dépassement de 20 à 30 p. 100. D'un geste, il a reclassé les personnes de poids moyen en personnes de poids excessif et les personnes de poids légèrement supérieur en obèses, un terme qui sous-entend une condition médicale extrême et inquiétante.

Quel a été le prix que les femmes ont dû payer pour ces définitions étroites, ces cases dans lesquelles elles n'entraient jamais, cette preuve brandie par les médecins prédisant une mort prématurée si elles ne perdaient pas ces kilos supplémentaires? Elles ont payé très cher en termes de temps et d'argent à faire des régimes amaigrissants. Elles ont aussi payé très cher en termes d'estime d'elles-mêmes, car celle-ci tombait au plus bas chaque fois qu'un régime était inefficace.

En réalité, ces tableaux étaient peu adaptés aux femmes parce que les chiffres avaient été recueillis pour un groupe de personnes ne représentant pas la diversité ni la réalité génétique de l'ensemble de la population. Une analyse récente des tableaux de correspondance taille/poids montrait qu'une femme de 45 ans qui pesait 35 à 45 p. 100 de plus que le poids *moyen* — et non pas idéal — de sa catégorie n'avait à redouter aucune réduction de son espérance de vie. Les tableaux de poids idéal montrent que les femmes ne sont considérées de poids excessif qu'à cause d'une définition théorique de l'excès de poids. Je me demande alors comment il est possible que nous puissions être *supérieures* à notre propre poids?

Les chercheurs ayant remis en cause la validité des tableaux de correspondance taille/poids comme indicateur de bonne santé, le National Research Council a établi un tableau de poids/santé en 1989. Celui-ci donne les poids «suggérés» pour les adultes et les chercheurs admettent qu'ils manquent encore de méthodes plus précises pour décrire et mesurer ce poids «santé». Dans l'intervalle, nous sommes laissés à nous-mêmes pour décider de la normalité de notre poids en connaissant notre pourcentage de graisse, sa localisation sur notre corps et l'existence éventuelle de problèmes de santé comme l'hypertension artérielle (haute pression). Cela confirme que nous sommes devenus des autorités en matière de santé en ce qui concerne notre poids.

Considérations sur notre santé

Jetons un coup d'œil à l'argument final que la plupart des gens — y compris nous-mêmes — utilisent devant les inconvénients d'un excès de graisse: «C'est tellement mauvais pour la santé d'être trop gros.» Cette conviction nous a été transmise dès notre plus jeune âge et toutes sortes de gens (y compris les médecins, les chercheurs, les ménagères et les maîtres à penser) ont écrit des volumes entiers à ce sujet. Il semble que chacun d'eux ait une opinion différente sur la graisse et la santé.

Avant d'aborder le domaine de la santé, je crois qu'il est important de clarifier la définition de l'*excès de poids* et de l'*obésité*. Nous avons parlé des interprétations arbitraires de l'industrie de l'assurance vie, mais comment font les autres pour définir leurs paramètres? Il n'est pas facile de répondre à cette question en l'absence de définition universellement acceptée. C'est aussi une des raisons de la confusion régnant dans l'interprétation des recherches sur le poids corporel et les risques pour la santé. Les chercheurs ont tenté de définir l'excès de poids et l'obésité en utilisant des mesures de poids par rapport à la taille (les compagnies d'assurances), des mesures de pourcentage et de distribution de la graisse (les tableaux de poids/santé) et enfin de poids selon certaines normes.

Le docteur Albert Stunkard, qui effectue des recherches sur l'obésité depuis 1950, a proposé une manière simple de définir l'obésité selon des normes: obésité légère pour un excès de poids de 20 à 40 p. 100, obésité modérée pour un excès de 41 à 100 p. 100 et obésité grave pour un excès de 100 p. 100 et plus. Selon ces définitions, environ 35 p. 100 des hommes américains sont obèses et, dans ce groupe, on trouve 90,5 p. 100 d'obésité légère, 9 p. 100 d'obésité modérée et 0,5 p. 100 d'obésité grave. Même ces définitions de l'obésité sont arbitraires parce qu'elles définissent un état en utilisant des points de référence du corps selon une distribution scientifique (ne dépendant pas du rapport taille/poids) sans égard pour les origines de l'excès de poids ou la maladie.

Stunkard a ainsi déclaré que sur les 35 p. 100 de femmes obèses selon cette définition, environ 90 p. 100 ne présentaient pas de risques augmentés si leur obésité n'était pas accompagnée d'autres facteurs de risque comme l'hypertension artérielle (haute pression), le diabète, un taux élevé de cholestérol ou d'autres lipides. Il a aussi convenu que puisque la plupart de ces 90 p. 100 ne présentaient pas ces facteurs, la majorité des femmes qui font attention à leur poids pour des raisons médicales n'ont pas à s'inquiéter!

Comparez les chiffres de Stunkard avec le nombre de femmes qui pensent souffrir d'un excès de poids. Selon un sondage organisé par le docteur Susan Wooley pour le magazine *Glamour*, 75 p. 100 des 33 000 femmes qui ont répondu disaient qu'elles étaient «trop grosses» alors que 45 p. 100 étaient en réalité «trop maigres» par rapport au tableau de rapport taille/poids! Cela signifie qu'un grand nombre de femmes pensent qu'elles sont trop grosses et utilisent l'argument de la santé pour justifier toute une vie passée à faire des régimes. La vérité est qu'elles ne sont pas trop grosses ni simplement grosses, mais qu'elles allèguent des raisons de santé pour dissimuler les véritables causes de leur malaise sous une question de poids, l'apparence et la pression sociale les obligeant à offrir une image corporelle pratiquement inatteignable pour la plupart d'entre elles.

Les définitions de l'excès de poids et de l'obésité ne sont pas les seuls éléments arbitraires et erronés de la culture populaire en matière de santé et de poids. Examinons maintenant certains autres faits et croyances qui nous incitent à les remettre en question. (Voir les notes du chapitre pour en apprendre un peu plus à ce sujet.)

Dix croyances populaires et faits objectifs sur la santé, le poids et les régimes

1. *Croyance populaire:* La graisse est mauvaise. *Fait objectif:* La graisse est bonne de bien des manières et nous en avons besoin pour vivre. C'est une forme de stockage d'énergie légère et efficace. Elle adoucit les petites irrégularités du squelette et remplit ainsi une fonction cosmétique. Elle a aussi un avantage mécanique en protégeant les articulations fragiles. C'est un bon isolant thermique. La graisse est indispensable aux femmes lors des menstruations et de la ménopause.

2. *Croyance populaire:* Les personnes grosses mangent plus ou absorbent plus de calories que les maigres. *Fait objectif:* La quantité de graisse ne dépend pas toujours de la quantité de nourriture consommée. Des études répétitives n'ont montré aucune différence dans les quantités de nourriture consommées par des bébés, des adolescents et des adultes, maigres ou gros.

3. *Croyance populaire:* Tous les sujets gros sont des mangeurs compulsifs et souffrent donc de troubles de l'alimentation. *Fait objectif:* Il n'existe aucune preuve irréfutable que l'obésité soit la conséquence d'un comportement alimentaire anormal. La grosseur est une des variables du corps plutôt qu'un indicateur de troubles de l'alimentation.

4. *Croyance populaire:* Toutes les personnes grosses sont en mauvaise santé. *Fait objectif:* Il n'existe pas de preuves irréfutables à ce sujet. Quelques études montrent, par exemple, que la distribution de la graisse (silhouette «en poire» meilleure que silhouette «en pomme») est plus importante que sa quantité dans l'augmentation des risques de diabète et de certaines maladies cardiovasculaires. Les femmes ayant plus souvent une silhouette en poire (avec de la graisse au niveau des hanches et des fesses plutôt qu'au niveau de l'estomac), leurs risques s'en trouvent donc diminués.

De plus, la plupart des études sur la santé des personnes grosses ont souffert d'une interprétation incorrecte en matière de cause et d'effet. Il est par exemple assez évident qu'un petit pourcentage d'amaigrissement peut faire baisser la tension artérielle (pression veineuse), mais que l'obésité n'est pas en elle-même *responsable* de l'hypertension (haute pression). De nombreuses personnes grosses, dont je fais partie, n'ont jamais souffert de ce type d'affection.

L'excès de graisse entraîne même certains bénéfices pour la santé (voir la croyance 5). Aux États-Unis, l'excès de graisse a augmenté, mais les décès pour cause de maladies cardiovasculaires ont régulièrement diminué. De plus, il n'y a pas eu d'études effectuées sur la santé des personnes grosses n'ayant jamais fait de régime amaigrissant. Cela signifie que les chercheurs n'ont pas d'idée précise sur la manière dont les régimes affectent la santé des personnes grosses.

Les affections dues au stress de la vie dans un pays souffrant de phobie de la graisse constituent un autre sujet inexploré pour les obèses. Certains souffrent-ils de troubles de santé à cause du stress entraîné par la discrimination et la persécution constantes dont ils font l'objet dans la société plutôt que d'une surcharge graisseuse? Des études interculturelles effectuées dans des sociétés sans stigmates sur la corpulence et la graisse (comme les îles Samoa et de Guam) indiquent que les personnes grosses sont plutôt en bonne santé et ne souffrent pas d'affections à hauts risques caractéristiques de certaines personnes grosses d'Amérique du Nord.

5. *Croyance populaire:* L'obésité est une maladie. (Dans cet exemple, l'obésité est définie selon mes propres sources, Ernsberger et Haskew, comme un poids corporel «élevé selon une norme ou une moyenne».) *Fait objectif:* L'obésité constitue un *facteur* de risque élevé, au même titre que l'hypertension artérielle (haute pression) et l'hypercholestérolémie (excès de cholestérol sanguin), pour certaines affections, mais elle n'est pas en elle-même une maladie.

Ernsberger et Haskew soutiennent aussi qu'il ne faut plus considérer l'obésité comme une maladie parce qu'elle a autant d'avantages que d'inconvénients pour la santé. Certains de ces avantages comportent la diminution du risque de cancer du poumon, de l'estomac et du côlon ainsi que de bronchite chronique, de tuberculose, de prolapsus de la valvule mitrale, d'anémie, de diabète de type 1 (diabète juvénile), de suicide, de ménopause précoce et d'ostéoporose. (Votre médecin vous a-t-il jamais dit que votre corpulence pouvait vous aider à constituer votre masse osseuse et annulait les effets néfastes de la ménopause?) L'obésité est associée au diabète de type 2 (diabète tardif), à l'hyperlipidémie (excès de corps gras dans le sang), à l'hypertension artérielle et à l'arthrite rhumatoïde (inflammation des articulations) *mais ne les provoque pas.* Finalement, toute augmentation du risque de grossir excessivement diminue avec l'âge, ce qui est le contraire de ce qui se passerait si l'obésité était une maladie dégénérative.

6. *Croyance populaire:* Le poids corporel est contrôlable. *Fait objectif:* Le poids dépend largement de facteurs génétiques. Il a été prouvé que l'obésité était de nature héréditaire (grâce, par exemple, à l'étude d'enfants et de parents adoptifs par comparaison avec des parents biologiques). C'est particulièrement vrai dans le cas des mères et des filles. La découverte du gène de l'obésité en 1994 en est une preuve supplémentaire.

7. *Croyance populaire:* Un régime alimentaire nous aide à maigrir et il est par conséquent bon pour nous. Un régime alimentaire peut nous transformer en personne mince pour toujours. *Fait objectif:* Les prises et les pertes de poids cycliques modifient le métabolisme et le poids perdu est repris malgré une quantité moyenne ou même réduite de nourriture. Les régimes à basses calories ont des effets secondaires néfastes sur les plans physiologique et psychologique, comme des calculs biliaires (pierres au foie) ou de graves dépressions nerveuses. Ces régimes entraînent finalement une reprise supérieure de poids. Le phénomène d'obésité consécutive aux régimes décrit bien le destin de certains obèses qui ont fait de nombreux régimes et repris tout le poids perdu, et parfois même plus. Ces personnes sont maintenant plus grosses qu'elles ne seraient devenues si elles n'avaient jamais suivi de régimes. D'autres recherches permettent de penser que les personnes grosses n'ayant jamais fait de régime ont une réaction normale à l'absorption de calories, ce qui signifie que leur métabolisme n'a pas été modifié par la restriction alimentaire.

8. *Croyance populaire:* L'industrie des régimes amaigrissants soutenue par la médecine est motivée par la découverte de moyens permettant d'aider à perdre du poids et à améliorer la santé. *Fait objectif:* L'industrie des régimes est une véritable mine d'or pour les entreprises de ce domaine, l'industrie pharmaceutique et la profession médicale, car elle rapporte annuellement 30 milliards de dollars aux États-Unis. La fraude que constituent potentiellement les programmes de régime amaigrissant avec leur publicité trompeuse ou erronée y est actuellement sous enquête de la Federal Trade Commission qui souhaite finir par réglementer une industrie ne l'ayant jamais été.

La tendance la plus récente qui est soutenue par des chercheurs sur l'obésité (dont certains possèdent des intérêts dans les entreprises de régime) et par l'industrie pharmaceutique (qui pense y effectuer d'énormes profits) est une version recyclée du régime à base de pilules. La variante des années 1990 comporte une redéfinition de l'obésité comme une «déficience génétique» et une «maladie chronique et de toute une vie», et la prescription qui lui est maintenant attachée comporte la prise de médicaments pour le restant

35

de la vie. Bien que ces médicaments soient différents de ceux prescrits à la génération précédente, une chose est restée la même: aucune étude à long terme n'a été effectuée sur ces médicaments pour connaître leurs effets secondaires sur la santé des personnes corpulentes.

Depuis l'échec largement publicisé des diètes liquides à basses calories (arrivées au cours des années 1980 d'une manière très semblable à celle des nouveaux médicaments amaigrissants dans les années 1990, c'est-à-dire comme un moyen d'éviter des troubles de santé aux personnes corpulentes), un autre plan d'amaigrissement est en phase de promotion, l'«alimentation à faible teneur en gras», et non pas le régime amaigrissant qui a aujourd'hui mauvaise réputation. Ce type d'alimentation a été défini par l'Association diététique américaine comme tirant 30 p. 100 de ses calories quotidiennes des corps gras et il est recommandé pour tous ceux qui jouissent d'une bonne santé. Certains «gourous» de cette alimentation comme Susan Powter, Covert Bailey et Dean Ornish, nous incitent même à descendre jusqu'à 10 p. 100. Selon eux, si 30 p. 100 de corps gras sont bénéfiques, 10 p. 100 ne peuvent être que meilleurs. Comme approche de l'amaigrissement, peu de recherches ont cependant été effectuées sur l'alimentation à faible teneur en gras et celles qui existent ont des résultats variables: en l'appliquant, certaines personnes perdent du poids, d'autres n'en perdent pas du tout et d'autres en prennent. Il existe certaines spéculations à propos du fait que la composition chimique et génétique de chaque personne affecterait les résultats de la perte de poids entraînée par ce type d'alimentation.

L'alimentation à faible teneur en gras est un régime populaire chez les jeunes filles et les adolescentes, mais il est prouvé qu'elle affecte cependant leur cycle menstruel. Le manque de corps gras dans l'alimentation entraîne une peau écailleuse, des cheveux ternes et une carence en vitamines liposolubles (solubles dans les graisses).

9. *Croyance populaire:* Le régime alimentaire associé à l'exercice physique fait maigrir une personne trop grosse. *Fait objectif:* La bonne nourriture et l'exercice physique ont une influence sur la santé et la forme physique plutôt que sur le poids.

10. *Croyance populaire:* Les personnes grosses sont paresseuses, affectivement instables et malheureuses. *Fait objectif:* Il existe peu de preuves que le bonheur soit en relation directe avec le poids. Les chercheurs ont essayé de prouver qu'il existait un type de personnalité plantureuse, mais ils n'y sont pas parvenus parce que les gros et les maigres ont obtenu des résultats comparables aux tests psychologiques. La plupart des formes de psychothérapie pour les personnes grosses sont centrées sur la perte de poids. Les interventions psychologiques (de toute nature) n'ont pas eu plus de succès que les régimes du commerce pour aider les gens à perdre durablement du poids.

D'autres théories récentes abondent dans le même sens que moi. En 1992, le National Institute of Health a modifié sa position sur les régimes amaigrissants. Ses membres ont passé en revue plus d'un millier d'articles de recherche sur la «perte volontaire du poids et son contrôle» et en sont venus à trouver que les traitements traditionnels (les régimes) étaient des échecs. Ils affirment que le public doit être mis en garde contre les programmes commerciaux de perte de poids tant que leurs initiateurs ne peuvent pas fournir des données scientifiques sur leur efficacité à long terme, ce que personne n'a jamais réussi à faire malgré les tentatives. Ils recommandent enfin de «mettre l'accent sur les approches capables d'entraîner des bénéfices pour la santé indépendants de la perte de poids comme moyens de renforcer la santé physiologique et psychologique des Américains cherchant à perdre du poids». Ces objectifs sont exactement ceux de ce livre.

Soyez à l'écoute de la vérité de votre corps

Pratiquement toutes les semaines, je vois des articles de journaux soutenant mon point de vue qui est d'éviter les régimes alimentaires et d'accepter sa corpulence, ainsi que d'autres d'avis contraires. Tout en étant, par exemple, bombardés de représentations de mannequins squelettiques, nous entendons aussi de plus en plus d'histoires de jeunes femmes souffrant d'anorexie mentale (restriction progressive de l'alimentation conduisant à la perte de l'appétit) pour avoir essayé d'imiter cette allure. Alors que l'un insiste sur le fait que manger des corps gras augmente nos risques de maladie cardiaque, un autre nous affirme qu'à condition de ne pas déjà souffrir de troubles cardiaques, la diminution radicale de la quantité de graisses saturées à moins de 10 p. 100 de la consommation quotidienne de calories ne permet de prolonger la vie d'une femme que de 4 à 30 jours. Alors que la meilleure manière de se débarrasser de la graisse semble être de la «brûler», une autre étude récente signale que des femmes inactives auxquelles on a demandé de marcher lentement au cours de promenades de 5 km brûlaient plus de graisse que d'autres marchant plus vite.

N'est-il donc pas naturel que les femmes ne sachent plus quelle vérité croire à propos de l'effet sur la santé du poids corporel, des régimes alimentaires, de l'exercice et des niveaux de forme physique? Pendant que les experts se battent sur la définition de l'excès de poids et de l'obésité, sur le bien-fondé des régimes, au sujet d'études contradictoires sur le poids et les risques pour la santé, sur le bon pourcentage de graisses à consommer, l'exercice à faire, la forme physique et la définition des personnes à risques, nous devons tout de même continuer à vivre!

Ma position est la suivante: je suis la seule à bien savoir ce qui est bon pour moi. Il est clair que personne ne peut définir la quantité excessive de poids que mon corps peut transporter. De plus, ce qui est prescrit par les «autorités médicales» (régimes alimentaires et quantité d'exercice nécessaire pour brûler la graisse) n'est pas efficace. Cela signifie donc que *nous* devons devenir nos propres autorités pour notre corps et notre santé.

J'ai appris très tôt à ne pas faire confiance à ma propre expérience de mon corps. Cela s'est produit à l'âge de cinq ans alors que j'étais envoyée loin de chez moi pour perdre du poids. Cette expérience m'a marquée pour toujours dans ma relation avec mon corps. À cet âge, je savais à un niveau très profond que mon corps était mon ennemi et que je ne devais à aucun prix lui faire confiance.

Il m'a fallu des années pour me remettre de la période que j'ai passée dans cette école spéciale. Je ne suis même pas certaine de m'en être totalement remise. Mais, après 35 ans passés à combattre ma physiologie, ma faim et ma culture, j'ai décidé que mon corps était une affaire personnelle. J'ai eu toutes les bonnes attitudes. J'ai suivi des dizaines de régimes amaigrissants et perdu des centaines de kilos. J'ai nagé pendant presque 20 ans. J'ai suivi des psychothérapies. J'ai fait des examens physiques réguliers. Je mange sainement. J'essaye d'éliminer autant de stress que possible de ma vie. Et je suis toujours grosse. Personne ne peut plus me dire que mon corps n'est pas correct. Je sais qu'il l'est.

Notre expérience de notre corps, quelle qu'elle soit, est notre seule vérité personnelle. Si vous attendez de perdre du poids avant de penser à vivre votre vie, cessez immédiatement! Vous pouvez vivre la vie que vous souhaitez dans le corps que vous possédez déjà.

Comme nous l'avons vu, notre perspective culturelle sur notre corpulence n'est pas coulée dans le béton. Elle est, en fait, pleine de failles. La seule vérité est notre propre vérité. Elle a de la valeur pour nous. Nous sommes les plus grands spécialistes de notre corps et de notre vie. Ne laissez pas une série de règles arbitraires vous entraîner hors de votre droit de vivre le moment présent.

Une nouvelle manière de considérer sa vie de femme corpulente et en bonne santé

Voici ma philosophie de base, très simple, à propos de mon corps: manger sainement (sans faire de régime), faire de l'exercice physique parce que c'est agréable et non pas en pensant que cela m'aidera à maigrir, et continuer à vivre ma vie (sans égard pour les indications du pèse-personne). Cela ne constitue pas que ma philosophie personnelle, car c'est aussi l'avis d'un nombre grandissant de professionnels de la santé dont des nutritionnistes, des spécialistes de la forme physique et des thérapeutes. Examinons ces points un par un ainsi que mon interprétation personnelle de chacun.

1. Manger sainement (sans faire de régime). En disant cela, je ne sous-entends pas que les femmes corpulentes ont de mauvaises habitudes alimentaires. Un grand nombre d'entre elles mangent sainement. Toutefois, certaines sont toujours aux prises avec l'habitude de faire un régime, ce qui affecte leur capacité à réaliser de bons choix alimentaires à cause du cycle de privation/goinfrerie que le régime laisse s'installer. (Voir l'annexe 1 pour plus de renseignements.) Pour moi, le fait de manger sainement comporte plusieurs facteurs.

Premièrement, apprenez à manger sans faire de régime. C'est l'étape la plus importante et c'est aussi la plus difficile parce que les habituées des régimes sont toujours en train d'en faire ou d'en terminer un; il n'existe pas de moyen terme. Ainsi, lorsque tous les aliments sont «autorisés», il peut exister une phase de compensation pour la privation précédente capable d'entraîner la goinfrerie, l'alimentation compulsive ou la suralimentation. Cette phase se termine toutefois dès que nous adoptons un mode de vie exempt de régime. La normalisation de l'alimentation demandant du temps, soyez patiente avec vous-même en essayant de briser votre habitude de suivre un régime.

Après avoir appris à manger sans faire de régime, une femme est plus libre de faire des choix d'aliments bons pour elle et pour sa santé. Ne voulant pas présumer de votre propre manière de manger, je vous recommande de communiquer avec une association de diététistes pour obtenir plus de précisions. Ce genre d'association recommande actuellement la diminution de la quantité de graisses, de graisses saturées, de cholestérol et de sel, ainsi que l'augmentation de la consommation de grains entiers, de fruits et de légumes frais.

Un mode de vie sans régime alimentaire a un autre avantage: il augmente l'estime de soi. Une étude effectuée sur des femmes de 90 kg (200 lb) et plus a montré que celles qui avaient cessé de faire un régime possédaient une meilleure estime d'elles-mêmes que celles qui continuaient. Il est facile de comprendre pourquoi les personnes faisant des régimes de manière chronique ont une faible estime d'elles-mêmes lorsqu'elles doivent affronter le fait qu'ils échouent 95 p. 100 du temps.

2. Faire de l'exercice physique parce que c'est agréable et non pas en pensant que cela nous aidera à maigrir. L'exercice physique a longtemps été une punition de l'obésité et cela explique pourquoi la plupart des personnes grosses ont tendance à éviter à tout prix d'en faire. Et, si vous êtes une femme corpulente, c'est encore plus désagréable de penser à sortir de chez vous pour marcher, faire de la bicyclette ou nager alors que vous risquez toujours d'entendre un commentaire blessant sur votre corpulence.

Tous ces arguments compliquent l'entreprise de cette démarche mais, à mon avis, elle vaut la peine d'être tentée. Pourquoi? Eh bien! parce que le fait d'être relié à son corps par le mouvement aide à établir une relation positive entre vous et lui, ce qui permet d'améliorer l'estime de soi. Il est, de plus, très agréable de faire de l'exercice par plaisir plutôt que comme un moyen de perdre du poids. Si vous n'êtes pas certaine de la manière de commencer, lisez *Great Shape: the First Fitness Guide for Large Women*, de Pat Lyons et Debby Burgard. Ces auteurs sont deux femmes corpulentes qui aiment faire de l'exercice. Leur livre vous aidera à choisir le genre qui vous convient le mieux.

La recherche montre que l'exercice affecte positivement le niveau de forme physique et de santé plus qu'il n'aide à la perte de poids. Pensez donc ainsi à votre santé plutôt qu'à perdre du poids et vous vous apercevrez alors combien l'exercice est agréable.

3. Continuer à vivre sa vie (sans égard pour les indications du pèse-personne). D'un point de vue psychologique, il est important de séparer son poids et sa corpulence de son état de santé. Souvenez-vous que la terre est peuplée d'autant de personnes maigres en mauvaise santé que de grosses en bonne santé. Concentrez-vous sur la mise au point d'habitudes de vie saines, oubliez le pèse-personne et commencez à vivre la vie que vous souhaitez dans le corps que vous possédez.

ACTIVITÉS PERMETTANT DE MIEUX ACCEPTER SA CORPULENCE

Idées pratiques

1. Abonnez-vous aux magazines *Radiance* ou *BBW (Big Beautiful Woman)*. Le fait de recevoir ces magazines chez vous peut vous aider à vous remonter le moral.

2. Rebellez-vous! Inscrivez-vous ou apportez votre soutien à la NAAFA (National Association to Advance Fat Acceptance). L'implication politique et sociale avec d'autres personnes grosses peut être tonifiante.

3. Allez à la bibliothèque et consultez les livres d'art sur les peintres ayant glorifié les femmes bien en chair: Rubens, Rembrandt, Renoir et Botero. Essayez d'oublier momentanément votre conception de la femme des années 1990 et regardez ces images pour essayer de comprendre pourquoi ces femmes étaient considérées comme belles.

4. Trouvez un livre sur les déesses avec des illustrations ou des photographies comme *The Once and Future Goddess,* par Elinor Gadon (1989), ou *Goddesses and Heroines,* par Patricia Monaghan (1981). Essayez d'imaginer votre relation avec le monde des femmes et de la féminité à travers ces images anciennes qui illustrent la créativité, la prospérité et l'abondance.

5. Essayez de vous procurer une copie du vidéo *The Famine Within.* Regardez-le avec une amie et discutez des sentiments qu'il suscite en vous. Écrivez vos réflexions dans votre journal intime.

6. Essayez de vous procurer une copie du vidéo *Nothing to Lose: Women's Body Image Through Time.* Vous pouvez l'obtenir par l'intermédiaire du College of DuPage, Office of Instructional Design, Glen Ellyn (Illinois). Invitez vos amies à le regarder et à en parler.

7. Faites une promenade à pied. Remarquez la diversité de la nature. Appréciez la marche parce qu'il est agréable de faire bouger son corps. Ne la chronométrez pas et ne prenez pas votre pouls. Marchez simplement jusqu'à ce que vous sentiez qu'il est temps de vous arrêter. Si vous vous sentez mieux ensuite, songez à recommencer bientôt, demain ou après-demain.

8. Passez une journée de cette semaine sans faire de régime. Ne vous imposez rien à propos de la nourriture. Écoutez simplement les impulsions de votre estomac, imaginez que vous désirez manger, puis mangez. Passez ensuite à l'activité suivante.

Journal intime orienté sur les sujets suivants

1. Rédigez votre histoire de poids personnelle. Votre récit peut comporter des dates, des poids et des événements significatifs de votre vie. Mettez-le ensuite de côté pendant quelques jours. Revenez-y par la suite et relisez-le. Que ressentez-vous pendant votre lecture? L'observation de vos pertes et de vos gains de poids entraîne-t-elle une prise de conscience? Écrivez ce que vous ressentez immédiatement.

2. Racontez le dernier régime que vous avez suivi. Que ressentiez-vous avant de décider de suivre un régime? Que se passait-il de significatif dans votre vie lorsque vous avez pris cette décision? Pendant combien de temps l'avez-vous suivi? Qu'avez-vous ressenti en décidant d'arrêter de le suivre?

3. Imaginez qu'une lumière rouge s'éteint dans votre tête toutes les fois que vous vous dites que vous avez besoin de maigrir. Cette lumière vous rappelle d'arrêter et de vous poser la question suivante: Existe-t-il autre chose dans ma vie à laquelle je ne prête pas attention? Écrivez ensuite à ce sujet.

4. Imaginez pendant une journée que vous n'êtes pas une femme corpulente. Imaginez que vous pesez votre poids idéal. Effectuez vos tâches quotidiennes comme si votre corps était plus mince. Écrivez ce que vous ressentez à la fin de la journée.

5. Pensez aux femmes de votre famille, votre mère, votre grand-mère, vos tantes, vos sœurs et vos cousines. Quel genre de silhouette possèdent-elles? Leurs corps ont-ils la même forme que le vôtre? Que ressentent-elles à propos de leur corps? Que ressentez-vous à propos de leurs corps? Que ressentent-elles à propos de votre corps? Notez tout cela dans votre journal.

6. Imaginez combien votre vie aurait été différente si les tableaux de correspondance taille/poids des compagnies d'assurances n'avaient jamais existé, si vous aviez été élevée dans un environnement indifférent à votre corpulence ou si votre corps avait pu se développer à sa guise. Notez vos réponses à ces questions.

Chapitre 2

Ces gros mensonges sur l'embonpoint

J e me souviens que j'attendais en ligne, avec mon professeur à côté de moi. Mon cœur battait furieusement. J'essayais d'oublier que plus d'un millier de personnes se trouvaient dans cet immense auditorium et fixaient la scène. J'essayais de me souvenir que j'avais beaucoup travaillé pour en arriver là et que je méritais bien cet instant dans la lumière des projecteurs. Je pensais aux mots d'introduction de l'animateur précisant que les doctorats ne représentaient que 2 p. 100 de tous les diplômes remis et je faisais maintenant partie de ce groupe de privilégiés. Je me demandais ce qui se serait passé si j'étais descendue de l'estrade lorsque le doyen avait appelé mon nom et annoncé le titre de ma thèse. En effet, celle-ci contenait le mot grosse et moi j'étais là, une grosse femme prête à traverser la scène au moment même où le doyen prononçait le mot grosse. Maintenant, tout le monde saurait que j'étais grosse. Pourquoi m'étais-je infligé un tel sort?

Mon professeur, qui avait été mal à l'aise avec le mot *grosse* bien avant cet instant, m'avait demandé plus tôt d'en choisir un autre pour le titre. «Il n'y a pas d'autre mot possible», avais-je objecté.

Puis il m'avait parlé de ce moment précis. «Voulez-vous vous tenir debout sur l'estrade pour recevoir votre diplôme de docteur alors que le doyen prononcera le mot *grosse*?»

«Si je n'en avais pas été capable, je n'aurais pas rédigé cette thèse, avais-je répondu!»

J'avais tenu ces propos courageux plusieurs mois auparavant. Il fallait maintenant que je vive ces instants. Mes genoux tremblaient. Je pensais qu'il me fallait éviter de m'exposer comme une personne grosse devant tous ces inconnus. Je me suis tournée vers mon professeur et je lui ai tranquillement répondu que j'aurais dû écouter ses conseils. Il m'a rassuré d'un sourire et m'a dit que tout irait bien. C'était à mon tour.

Ce qui s'est passé exactement alors reste un mystère pour moi. Je me souviens de mon professeur qui m'enveloppait d'une cape pendant que le doyen lisait le titre de ma thèse. Je me souviens d'avoir entendu des rires. Je pensais alors «Est-ce de moi qu'ils rient? Comment peuvent-ils?» La petite fille de cinq ans qui m'habitait encore a passé un pénible moment de honte et de vulnérabilité. Puis j'ai entendu des applaudissements et elle et moi nous sommes senties un peu mieux. J'ai traversé la scène pour serrer la main du président du jury. Il a dit quelque chose comme «C'est le seul titre de thèse auquel on comprenne quelque chose! Félicitations docteur Erdman!» J'ai descendu les marches de l'estrade et je suis revenue à mon siège. J'ai poussé un profond soupir. C'était fini. Nous avions traversé l'épreuve, la petite fille de 5 ans et la femme de 42. Et maintenant, nous possédions un doctorat.

Un peu plus tard, mon mari Terry m'a dit: «Tu aurais dû te voir sur cette estrade. Lorsque tu l'as traversée, tu t'es tournée vers la foule et tu as fait ton plus grand sourire. Et avec ton sourire, tu as pulvérisé le stéréotype des personnes grosses stupides, paresseuses et laides.»

———

Qui sont donc les femmes grosses? Selon la NAAFA, il existe plus de 30 millions de femmes aux États-Unis qui portent des vêtements de taille «grande» (16 ans) ou plus. Cela fait donc beaucoup de femmes corpulentes. Elles appartiennent à tous les groupes sociaux et à toutes les ethnies. Elles sont jeunes, vieilles ou d'âge moyen. Elles sont riches, pauvres ou de la classe moyenne. Elles sont mariées, célibataires, lesbiennes ou hétérosexuelles. Elles sont avocates, femmes d'intérieur, enseignantes, travailleuses de la construction, éducatrices ou artistes. Elles sont partout. Et si vous ne le croyez pas, passez simplement une journée à porter attention à toutes les femmes corpulentes que vous rencontrerez. Remarquez aussi ce qu'elles font et comment elles se comportent. Il est probable que très peu d'entre elles satisfassent au stéréotype de grosses-laides-paresseuses-et-stupides, une description qui est précisément l'un de ces gros mensonges sur l'embonpoint.

Dans le premier chapitre, nous avons vu tous les changements de préférence de la société pour les types de femmes. Dans ce chapitre, nous allons nous intéresser à la manière dont nous pouvons négocier nos vies de femmes grosses dans une ère de femmes minces. Ce n'est pas notre faute si nous ne sommes pas nées à la bonne époque! Nous devons inventer des moyens de vivre grosses en dépit de la prison culturelle, médicale et psychologique que constitue le stéréotype de femme grosse.

Quel est donc ce stéréotype de femme grosse? Lorsque quelqu'un prononce le mot *grosse,* qu'est-ce qui nous vient à l'esprit? Imaginez une femme grosse marchant dans la rue. Que pensez-vous d'elle? Que croyez-vous que les gens pensent d'elle? Voici les stéréotypes auxquels je me réfère souvent: la personne grosse est laide/stupide/paresseuse/affectivement instable/sans contrôle sur elle-même/malheureuse/en mauvaise santé/impossible à aimer ou … Remplacez vous-même les points de suspension.

Une manière de faire mentir ce stéréotype qui nous suit comme une ombre est de nous rebeller. Lorsque la société dit «Vous ne pouvez pas!» nous répondons «Ah, bon! Eh bien! regardez-moi!» Cette attitude de rébellion affecte positivement nos relations sociales, notre travail ou nos loisirs. L'histoire de la cérémonie de remise du doctorat est un exemple tiré de ma vie. En voici d'autres provenant de celle d'autres femmes. Ces commentaires s'adressent au stéréotype c'est-laid-d'être-grosse et donc personne ne vous aimera.

Hélène: J'ai eu des hommes lorsque j'étais grosse et lorsque j'étais mince. Cela ne m'a donc jamais paru avoir autant d'importance. Lorsque je me suis mariée, je pesais 99 kg (220 lb).

Louise: Je n'ai jamais eu de difficultés à trouver un homme. Je peux aller n'importe où car, dans une discothèque, je suis la première femme à laquelle les hommes demandent à danser.

Diane: Me sentir bien et avoir une vie sexuelle étaient une partie de l'acceptation personnelle de mon corps. Quelle que soit ma corpulence, dès que je me trouve désirable, les autres sont aussi de cet avis.

D'autres contredisent le stéréotype grosse-et-paresseuse et grosse-et-stupide.

Diane: Lorsque je suis à bicyclette, je sais que je peux faire plus de kilomètres que la plupart des garçons. Personne ne veut croire que c'est vrai parce que les gens préfèrent croire au stéréotype.

Grace: Le plus grand avantage est que vous êtes sous-estimée par les autres. Vous pouvez alors vraiment être la meilleure. Ils vous regardent et pensent que vous êtes grosse et stupide. Non. Désolée, ce n'est pas mon cas.

Marthe: Mes employeurs ont compris que je faisais du bon travail. Je crois que c'est une opinion basée sur mes actes et mes résultats qui n'ont rien à voir avec ma corpulence, mais rien du tout.

En contredisant les stéréotypes avec notre attitude et nos actes de rébellion, nous contredisons l'opinion de la société en vivant réellement notre vie au maximum. En agissant ainsi, nous apprenons le secret le plus important sur nous-mêmes: nous, les femmes grosses, nous pouvons réaliser tout ce que nous avons décidé de faire et posséder tout ce que nous souhaitons.

Nous n'avons pas toujours eu cette attitude. À un certain moment de notre vie, nous avons accepté le fait qu'être une personne plus mince était meilleur et plus sain, et nous avons essayé d'adapter nos corps aux attentes de l'industrie médicale. Nous nous sommes alors approprié ces attentes. Dans notre désir de réaliser toutes les bonnes actions — faire un régime alimentaire et de l'exercice physique —, nous avons appris que nos corps refusaient de se conformer et ne voulaient pas coopérer avec les prescriptions de nos médecins. En réalité, plus nous faisions de régimes et plus nous grossissions. Même l'exercice physique ne faisait pas beaucoup de différence dans notre perte de poids. Nous pensions que notre corps était notre ennemi: il avait besoin d'être contrôlé par une plus grande autodiscipline et une plus forte volonté.

La société entretient le mythe que notre corps est hors de notre contrôle. Elle essaye de nous motiver à perdre du poids en nous nourrissant de mensonges (les infâmes photographies «avant» et «après») et en nous montrant combien notre vie sera transformée après avoir perdu du poids. Mais un grand nombre de femmes *ont* perdu énormément de poids, et la seule chose qui ait changé (temporairement) est la taille de leurs robes et l'opinion *culturelle* de leur valeur. Elles ont aussi ressenti un bref moment de renforcement de l'estime d'elles-mêmes, le genre qui dépend des indications de la balance et non pas de la valeur réelle. Quelles ont donc été vos propres expériences de régime amaigrissant?

Joanne: Ma mère m'a fait faire de nombreux régimes et a essayé de me faire mincir jusqu'à ce que je sois heureuse. Aucun d'entre eux n'a été vraiment efficace. La seule fois où j'ai vraiment perdu une bonne quantité de poids est lorsque j'ai fait un régime à 600 calories par jour et maigri de 4,5 kg (10 lb). Ce qui m'a permis de participer à un voyage de camping qui me faisait envie et au cours duquel j'ai grossi de 5,5 kg (12 lb)!

Diane: Je suis grosse. Je sais ce que c'est. Je sais aussi qu'arrêter de manger ou réduire la quantité de ce que je mange ne fera pas s'envoler ma graisse. La seule chose qui l'ait fait disparaître dans le passé est l'excès de travail et l'exercice physique. Et même à ce moment-là, elle revient toujours.

Catherine: Une de mes amies qui habite une grande ville a perdu 27 kg (60 lb). Ça lui a coûté 2000 dollars. Elle a repris tout ce poids et même un peu plus. Voyons, 74 dollars par kilo (33 dollars par livre)? Est-ce bien sérieux?

Dans un certain sens, les femmes qui acceptent leur corpulence font des progrès dans leur manière de penser: elles apprennent à faire confiance à leur expérience personnelle plutôt que de croire à un autre de ces gros mensonges, l'interprétation médicale de l'expérience de leur corps. Une femme avec laquelle j'ai discuté appelait cela «la vérité de son corps». À ce stade, nous commençons à douter de la sagesse médicale des régimes et de l'exercice physique et nous commençons à croire à la seule vérité de nos corps.

Sarah: C'est en partie ce qu'est mon corps et ce qu'il me dit lorsque je prends le temps de l'écouter. C'est simplement sa vérité. Je viens d'une famille avec des gênes de l'obésité. Nous sommes des cultivateurs, trapus, forts et musclés qui utilisons beaucoup nos corps. Je trouve intéressant de constater que je me sens plus en accord avec moi-même lorsque je travaille physiquement.

Diane: J'atteins un plateau. Je peux faire 80 à 95 km par semaine, mais mon corps y est habitué. Aussi, je ne brûle pas autant de calories et je ne perds pas de poids.

Christine: Ç'a été vraiment bon pour moi de faire de l'exercice. J'ai constaté que six mois après avoir commencé à suivre des cours d'aérobique, une partie du malaise physique que j'avais toujours associé au fait d'être grosse dépendait vraiment de l'inactivité due à mon manque d'exercice. Et je ne perdais pas du tout de poids.

Sarah: En cessant de faire un régime, j'avais peur de ne jamais m'arrêter de grossir. Cette peur ne s'est cependant jamais vérifiée.

On a appris aux femmes à douter de la connaissance instinctive de leur corps et de sa vérité, et à faire plutôt confiance aux moyens externes de mesurer leur valeur: pèse-personne, taille des robes et image dans le miroir. La vérité est que ces chiffres, ces mesures externes de leur importance et de leur valeur, ne sont en fait que d'autres gros mensonges!

La balance ment avec ses chiffres dont la signification n'est interprétée que dans un contexte purement culturel déjà qualifié d'arbitraire. En réalité, les chiffres n'ont aucune signification, c'est ce que vous en faites qui est significatif. Vous pouvez peser les mêmes 83 ou 52 kg (185 ou 115 lb) et vous sentir mal si vous ne faites pas de régime et que vous grossissez, ou vous sentir bien si vous êtes en train de faire un régime et que vous maigrissez. Une femme avec laquelle j'ai discuté m'a dit qu'elle avait appris à ne pas peser l'estime qu'elle avait d'elle-même tous les matins. C'est une bonne attitude pour toutes les femmes: cessez de vous peser! Votre pèse-personne ment.

La taille des robes ment aussi. Demandez à quelqu'un qui travaille dans la confection et il vous dira qu'elle varie selon le concepteur, le fabricant, le style et le moment. Il n'a jamais vraiment existé de taille «très petite» (1 an), mais il y a toujours eu des femmes de toute petite corpulence. Une taille «grande» (14 ans) des années 40 et la même aujourd'hui ne sont pas du tout semblables. Les corps de femmes ont toujours eu des tailles et des formes différentes, mais pas les vêtements. Cela n'a donc aucun sens d'être fière de porter une taille «petite» (5 ans) ni de se haïr de porter une taille «très grande» (20 ans). Les femmes qui travaillent dans la confection pensent qu'il vaut mieux acheter des vêtements pour leur coupe, leur confort et leur style. Ôtez l'étiquette de vos vêtements si son chiffre de taille vous dérange, car les tailles mentent aussi. Elles n'ont rien de commun avec votre valeur personnelle.

Le miroir est aussi un menteur. Ce que nous voyons dans notre miroir est rarement ce que voient les autres en nous regardant. L'image du miroir reflète notre perception de notre corps et de nos comportements relatifs à celui-ci, mais pas ce dont nous avons vraiment l'air. En réalité, la manière dont les autres nous voient est une perception individuelle basée sur leur jugement de valeur à propos de notre corpulence. C'est donc du domaine de la perception et non de la réalité.

Voici un exemple de la manière dont le miroir ment. Nous faisons un régime, nous avons une «bonne» journée et nous nous sentons «plus minces». Nous nous regardons dans le miroir et nous nous *voyons* plus minces, ce qui est une perception qui dépend du fait que nous avons fait quelque chose de «bon» pour modifier notre corps. Le lendemain, nous mangeons un litre de crème glacée et cela crée un «mauvais» jour et la perception de ne pas «être bien», ce que le miroir nous reflète comme un corps «gros». En fait, notre corps n'a pas changé du tout, mais la perception que nous en avons s'est modifiée parce qu'elle dépend de ce que nous trouvons «bon» ou «mauvais» dans notre manière de manger.

Je ne veux pas dire que vous ne devez plus jamais vous regarder dans un miroir. Je veux simplement vous suggérer d'être consciente de vos sentiments à propos de votre corps et de votre comportement alimentaire et de les intégrer à la perception de votre image dans le miroir. Soyez gentille avec cette image parce que le miroir, comme le pèse-personne et la taille des vêtements, vous ment aussi.

La réalité de notre corps ne ment pas. Elle nous a montré que les régimes étaient inefficaces. C'est la raison pour laquelle certaines d'entre nous ont cessé d'en faire. D'autres continuent toutefois de croire que quelque chose ne va pas, sans quoi elles ne seraient pas grosses. Elles passent donc du spécialiste des régimes au thérapeute si elles attribuent leur poids à des causes affectives. Certaines femmes grosses se sont ainsi retrouvées en thérapie pour des raisons autres que leur poids et ont vu le thérapeute insister sur le fait que leur poids était la clé du problème. Que pouvons-nous donc faire pour affronter les interprétations psychologiques de notre corps? Comment pouvons-nous faire face à la mauvaise interprétation de notre psyché par des thérapeutes aussi compétents que bien intentionnés?

Puisque la psychologie des personnes grosses a été déterminée par la société et non pas par elles-mêmes, nous trouvons là encore d'autres gros mensonges. Les femmes avec lesquelles j'ai discuté ont déjà accompli un grand exploit en défiant les stéréotypes de la société et en croyant plus à la sagesse de leur corps qu'à l'interprétation médicale de leur type morphologique. Ces attitudes et ces actes affectent aussi leur processus psychologique en ceci qu'elles ont dépassé le stigmate d'être grosses. Cela signifie que la manière dont elles vivent défie la notion qu'être grosse signifie être en mauvaise santé psychologique. Cela transforme la notion qu'être grosse est «mal» en notion que les êtres humains ne sont pas toujours de la même grosseur. L'adoption de cette attitude diminue le stress qu'elles ressentent à cause de leur corpulence et leur permet de poursuivre d'autres objectifs importants.

Les femmes avec lesquelles je me suis entretenue avaient diverses opinions sur la psychothérapie comme élément du processus d'acceptation de leur corpulence; certaines pensaient qu'elle les aidaient, mais la plupart pensaient le contraire. En tant que thérapeute, j'en ai été étonnée. Puis je me suis souvenue que mes premières expériences en thérapie — avant que je devienne moi-même thérapeute — n'ont pas toujours été positives lorsqu'elles concernaient ma corpulence. En considérant cela, je ne vous recommande la thérapie que si vous trouvez un thérapeute compétent ne souffrant pas de phobie de la graisse.

Reportez-vous au chapitre 7 pour une discussion plus longue à ce sujet.

Où résident donc les gros mensonges? Un mensonge vit dans la société qui considère la graisse comme une mauvaise chose. Nous avons trouvé *notre vérité* en contredisant le stéréotype de la définition d'une personne grosse et en devenant plutôt celles que nous sommes vraiment. Un autre mensonge réside dans l'industrie de la santé qui affirme que les régimes agissent sur tout le monde et que toutes les personnes grosses sont en mauvaise santé. Nous avons trouvé *notre vérité* en écoutant la sagesse de notre propre corps qui nous dit comment prendre soin de notre santé sans faire de régime. Un autre mensonge réside dans la psychologie de la personne grosse qui affirme que notre corpulence a comme origine des problèmes affectifs non résolus. Nous avons trouvé *notre vérité* en chassant le stigmate d'être grosses et en considérant que notre corps est une variante de la taille et de la beauté du corps humain. Nous avons aussi vu que les pèse-personnes, les tailles de vêtements et les miroirs nous mentaient.

Le plus gros mensonge de tous est cependant que *nous* avons un problème de poids. La vérité est plutôt que ce n'est pas *nous* qui avons un problème de poids mais bien la *société*.

ACTIVITÉS SUGGÉRÉES POUR DÉVELOPPER SES PROPRES VÉRITÉS ET DÉMYSTIFIER LES GROS MENSONGES SUR L'EMBONPOINT

Idées pratiques

1. Jetez votre pèse-personne. Si cela vous paraît trop radical, rangez-le au fond d'un placard et cessez de vous peser. Si cela vous paraît impossible, mettez-le de côté et ne le ressortez qu'une fois par mois pour vous peser. Si cela vous paraît trop pénible, rangez-le et ne le sortez qu'une fois par semaine. Si cela continue à déclencher en vous des vagues d'angoisse, mettez-le de côté et sortez-le une fois par jour. Avez-vous compris l'idée? *Éloignez votre pèse-personne et cessez de vous peser!* Si ces manières d'agir ne vous aident pas, imaginez votre propre manière de vaincre votre habitude de vous peser et donc de mesurer votre estime de vous-même. Faites-vous confiance. Votre corps sait combien de fois vous devez vous peser. Souvenez-vous, le pèse-personne ment.

2. La prochaine fois que vous allez voir votre médecin, dites à son assistante que vous préférez ne pas être pesée ce jour-là. Si cela vous pose de trop gros problèmes, dites-lui que vous en avez parlé avec le médecin. En parlant avec votre médecin, dites-lui que vous savez tous les deux que vous êtes grosse et que vous pensez qu'il n'est pas utile de vous peser à chaque visite. S'ils insistent tous les deux, vous pouvez encore refuser. Ou vous pouvez garder les yeux fermés sur la balance et demander qu'ils ne vous disent pas votre poids. Cet acte est important surtout si vous avez réussi à vous libérer à la maison de l'habitude de vous peser.

3. Triez votre garde-robe et débarrassez-vous de ce qui ne vous va plus. Donnez-le à quelqu'un, à une maison d'hébergement ou vendez-le à un magasin de vêtements d'occasion. Examinez maintenant les vêtements qui vous vont bien. Vérifiez leur taille. Comment ce chiffre affecte-t-il la manière dont vous vous sentez à propos de vous-même? Si vous constatez que cela déclenche votre petite voix intérieure critique, arrêtez! Prenez des ciseaux, ôtez l'étiquette et essayez de vous souvenir de la manière dont vous vous sentiez dans ce vêtement: à l'aise? Avec du style? Belle? Si vous ne vous sentez pas bien dans ce vêtement, mettez-le dans le sac de vêtements à donner. Si vous vous y sentez bien, si vous vous trouvez du style ou si vous vous y trouvez belle, remettez-le dans le placard et oubliez sa taille.

4. Faites la liste de tout ce que vous ne ferez pas avant d'avoir perdu du poids. Tout. Relisez-la ensuite et classez ses éléments en ordre suivant leur niveau de risque, l'activité qui comporte le moins de risque en tête et celle qui en comporte le plus à la fin. Considérez maintenant l'élément le moins risqué, prenez une grande inspiration et faites-le. Remarquez bien ce qui se produit alors. Est-ce la fin du monde? Vous mettez-vous à rire? Vous sentez-vous bien? Prenez l'habitude de faire l'élément suivant de votre liste le plus tôt possible. Comme votre confiance en vous grandit, prenez l'habitude d'ajouter d'autres éléments à votre liste. Vous apprendrez très vite que vous pouvez mener la vie que vous voulez dans le corps que vous possédez.

5. De quelle manière pouvez-vous contredire le stéréotype de la personne corpulente? Demander sans honte un fauteuil plus large? Aller nager dans la piscine municipale? Posséder plus d'un maillot de bain? Dire à quelqu'un que vous ne croyez plus que faire un régime est primordial? Manger tout ce dont vous avez envie en public? Demandez-vous si vous êtes prête à faire cet acte de défi. Si vous répondez oui, allez-y et faites-le.

6. Trouvez un moyen agréable de faire bouger votre corps. Cela peut être n'importe quoi qui vous fait envie, même les choses simples comme la marche, le jardinage ou le yoga. Si vous n'éprouvez plus d'intérêt pour ce que vous avez déjà essayé, essayez autre chose. Ou essayez de faire alterner ce qui vous intéresse et ce qui

garde votre corps en mouvement. Le plus important est de découvrir la vérité de votre corps à propos du mouvement.

7. Essayez de prêter attention aux signaux de faim de votre corps pendant une journée. Essayez de ne manger que ce dont vous avez réellement envie, sans égard pour ce que c'est ni du moment. L'important dans ce cas est de trouver la vérité de votre corps à propos de la faim.

8. Abonnez-vous à un bulletin comme *On a Positive Note*, rédigé par Carol Johnson, fondatrice de Largely Positive, un groupe de soutien international. Il comporte habituellement un résumé des recherches les plus récentes sur l'obésité ainsi que certains trucs à propos de la vie des personnes corpulentes.

9. Essayez de vous procurer le vidéo *Bodytrust: Undieting Your Way to Health and Happiness*. Il contient des renseignements intéressants et des entrevues avec des femmes qui se sont engagées dans une démarche d'acceptation de leur corps sans faire de régime.

10. Essayez de vous procurer le vidéo *Yoga for Round Bodies* si vous êtes intéressée à cette forme d'étirements, de mouvements et de relaxation.

Journal intime orienté sur les sujets suivants

1. Quels sont certains de vos stéréotypes à propos des personnes grosses?

2. Quelles sont les manières par lesquelles vous avez déjà pu contredire les stéréotypes de la femme corpulente?

3. Quelles sont vos nouvelles manières de souhaiter contredire les stéréotypes de la femme corpulente? Imaginez-vous en train de les faire. Comment vous sentez-vous? Rédigez vos réponses.

4. Demandez-vous si vous vous sentez capable de faire aujourd'hui un acte de défi. Si votre réponse est négative, écrivez les raisons pour lesquelles il en est ainsi.

5. Qu'est-ce que les mots «vérités de votre corps» signifient pour vous? Vous êtes-vous déjà sentie en relation avec la sagesse de votre corps? Quand était-ce? Que se passait-il alors?

6. Réfléchissez au nombre de régimes alimentaires que vous avez suivis cette année. Calculez le montant d'argent que vous avez dépensé en régimes au cours de la dernière année et écrivez ce montant. Réfléchissez maintenant aux cinq dernières années et au montant que vous avez dépensé pour faire des régimes et écrivez-le. Essayez maintenant d'effectuer le même exercice pour toute votre vie et écrivez votre estimation de ce que vous avez dépensé en régimes. Examinez ce montant. Qu'en pensez-vous? Comment vous sentez-vous à ce propos? Écrivez ce que vous en pensez.

7. Remarquez toutes les femmes corpulentes que vous avez rencontrées aujourd'hui. Observez leur comportement. Remarquez de quoi elles ont l'air. Comment s'y prennent-elles pour diminuer le stigmate qu'elles portent toutes? Comment votre apparence et votre comportement vous aident-ils à diminuer ce stigmate pour les autres femmes corpulentes?

8. Si vous avez déjà suivi une psychothérapie, essayez de vous souvenir de l'attitude de votre thérapeute au sujet de votre corps. Vous sentiez-vous en sécurité et à votre aise avec lui? Êtes-vous allée le consulter en pensant que vous souffriez d'un problème affectif relié à votre poids? Qu'avez-vous appris sur vous-même?

DEUXIÈME PARTIE

Qui croyons-nous donc être?

Chapitre 3

Du plus profond de nous-mêmes: l'image de soi

I l m'est difficile de déterminer un moment de ma vie qui soit représentatif de la manière dont mon image de moi s'est développée. Laissez-moi plutôt essayer d'illustrer ce processus par la présentation d'un dialogue entre mon moi d'adulte et mon moi d'enfant, que j'appelle affectueusement «la petite Cheri».

Moi: J'essaye de comprendre celle que je suis devenue en fonction de la petite fille grosse que j'étais. Peux-tu m'aider à trouver mes sources, la racine de mon image de moi? J'ai le sentiment que tu détiens la solution.

La petite Cheri: Chaque enfant trouve toujours un moyen de survivre jusqu'à l'âge adulte. Le moi thérapeute l'appelle le «mécanisme de survie», mais moi je préfère l'appeler mes «trucs de survie». Tout comme la petite fille grosse de cinq ans dans cette émission télévisée qui se qualifiait de «soufflée» au lieu de «grosse». De quelle imagination créative faisait-elle preuve! J'ai eu des quantités de trucs qui nous ont permis de passer toutes deux à travers l'école primaire et secondaire. Puis, à l'université, c'est une autre partie qui a pris la relève, la partie rebelle et sauvage de toi. Mais son histoire viendra en son temps.

Moi: Oui, je me rappelle très bien d'elle. C'est de toi dont j'ai du mal à me rappeler. Cela fait-il si longtemps? Ou est-ce que le souvenir en est trop douloureux?

La petite Cheri: Les deux. Mais je m'en souviens. Je n'oublierai jamais ce que j'ai dû faire pour traverser mon enfance et mon adolescence alors que tout le monde me harcelait à cause de mon poids.

Moi: Donne un exemple.

La petite Cheri: J'avais une vie intérieure très riche. Rappelle-toi combien j'aimais lire. Tous ces livres de Nancy Drew, *Anne des pignons verts*, *Little Women* et tous les autres. Lorsque ça devenait trop difficile, je m'échappais en lisant des livres sur la vie des autres petites filles. Et souviens-toi de mon habitude de tenir un cahier contenant toute une collection de morceaux de papier qui avaient de la signification pour moi. Je les gardais comme un aide-mémoire de ma propre valeur lorsque les gens commençaient à me harceler parce que j'étais grosse.

Moi: C'est vrai. J'avais l'habitude de passer des heures à lire et à faire ce cahier. Étaient-ce tes seuls trucs?

La petite Cheri: Mon dieu non! Mon truc préféré était d'ignorer tout le piège de l'enfant grosse en faisant semblant que je ne l'étais pas. J'oubliais que j'étais une petite fille grosse et j'agissais comme si j'étais une petite fille normale. Je savais bien que j'étais grosse; comment aurais-je pu l'ignorer alors que tous les gens me le rappelaient si souvent? Mais je savais aussi que j'étais intelligente et créative. Rappelle-toi quand j'ai gagné un prix en troisième année pour mon poème sur le printemps. Et un autre l'année suivante pour mes dessins. Et celui que j'ai gagné chez les Jeannettes pour mes broderies. Et le prix d'excellence du concours de rédaction en huitième année. Souviens-toi, en deuxième année, je portais un tutu de couleur chartreuse dans une compétition de claquettes. Je m'en souviens. C'était le plus beau costume du monde. Crois-tu que je pouvais alors penser un seul instant que j'étais grosse?

Moi: J'ai vraiment oublié tout ça. En me le rappelant, ça fait ressurgir d'autres choses: j'ai passé ma deuxième année dans une école spéciale pour enfants surdoués et j'y ai appris le français. C'était vraiment important!

La petite Cheri: Oui, et la solution que tu me demandes est la suivante: même si c'est un sujet d'intérêt pour autrui, être grosse n'est pas si important pour moi. Je savais que j'étais grosse parce que tout le monde me le rappelait. Et j'étais blessée que l'on considère mon intelligence et ma créativité comme secondaires à ma grosseur. Je me sentais comme si les autres ne m'avaient jamais reconnue. Mais moi je me reconnaissais et c'est tout ce qui comptait. Et c'est à cause de ça que tu es devenue ce que tu es aujourd'hui.

Qu'est-ce que veut donc dire *image de soi*? À l'époque des livres de vulgarisation et des groupes de soutien, cette expression ainsi que celles de *perception de soi* et d'*estime de soi* sont utilisées couramment, sans que l'on sache toujours très bien ce qu'elles signifient. Toutefois, avant d'aborder l'essentiel de ce chapitre, je vais expliquer ma manière de les comprendre. Je commencerai avec perception de soi parce qu'il est l'origine de tous les autres. La perception de soi est la capacité de se comprendre et d'être conscient de soi-même. Elle signifie que nous présumons connaître nos attitudes, nos traits de caractère et nos motivations en observant simplement notre comportement. La perception de soi est le fondement de l'image de soi.

Définie simplement, l'image de soi est ce que nous pensons de nous-mêmes. Par exemple, je pense qu'entre autres choses je suis une femme, une enseignante, la fille de mes parents, une épouse et une maîtresse de maison. Ces termes sont le reflet de différentes parties de moi-même, un rôle que je joue, un type de relation que j'entretiens.

En ajoutant une valeur à ces fonctions, je définis l'estime de soi, en la valorisant ou en la dévalorisant. En disant que je suis une femme attirante, une bonne enseignante, une fille respectueuse, une épouse de confiance et une excellente ménagère, je la valorise par des affirmations positives. Au contraire, en disant que je suis une femme laide, une enseignante terrible, une fille irrespectueuse, une épouse infidèle ou une mauvaise ménagère, il est évident que je la dévalorise par des affirmations négatives.

Il est important de bien comprendre ces trois termes parce qu'ils nous aident à former l'essentiel de notre connaissance de nous-mêmes. Autrement dit, ce que nous observons, ce que nous pensons et ce que nous ressentons à propos de nous-mêmes constitue la base de notre comportement extérieur. «La petite Cheri» m'a dit que la raison de mon image de moi était que j'avais perçu très tôt qu'être grosse était moins important qu'être intelligente et créative. Le fait de posséder cette perception m'a permis de profiter dès mon plus jeune âge d'une bonne image me permettant de mettre en œuvre cette conception de moi en dépit de l'opinion des autres. Être grosse et considérée comme imparfaite à cause de cela a parfois affaibli mon estime de moi. Mais cela ne m'a jamais détruite complètement parce que je savais, au plus profond de moi, que je n'étais pas que grosse. Je me suis accrochée à cette perception comme une naufragée à une bouée de sauvetage. Elle a permis à mon moi véritable de survivre.

En vieillissant, j'ai acquis plus d'expérience pour affirmer cette perception primaire et renforcer mon image de moi. Toutefois, à de nombreuses occasions, j'ai dû accepter cette dévaluation de mon corps par les autres qui affaiblissait mon estime de moi. Je devais travailler dur pour contrecarrer ces messages afin de remonter mes sentiments sur ma valeur personnelle. Tout comme me l'ont raconté les autres femmes grosses qui ont dû se battre constamment avec l'image de leur corps et leur estime d'elles-mêmes.

Celles qui ont abandonné les régimes et appris à accepter leur corps semblent avoir un point commun au niveau de leur image d'elles-mêmes. Il s'agit du fait qu'elles ont un mode de vie «déterminé de l'intérieur». Cela signifie que ces femmes grosses ne faisant pas de régimes sont constamment en processus personnel de décision pour ce qu'elles font et ce qu'elles sont. Cette décision ne se prend pas qu'une seule fois. («Je suis grosse et je l'accepte, un point c'est tout.») Il faut constamment choisir d'écouter sa petite voix intérieure et ses messages de soin et d'amour de soi. Cela permet à la vérité de cette voix de gagner en force et en clarté jusqu'à ce qu'elle couvre toutes les autres — habituellement négatives — qui essaient d'attirer notre attention.

Le contraire de déterminé de l'intérieur est déterminé de l'extérieur. Cela se produit lorsque la valeur d'une personne est décidée par quelqu'un ou quelque chose d'extérieur à elle-même, hors de son contrôle et sans son implication. Par exemple, lorsqu'il est question de corpulence et de silhouette, la société a déjà décidé de ce qui était acceptable pour une femme avant même qu'elle soit née. Les femmes n'ont pratiquement rien à dire sur l'établissement des règles relatives à l'acceptabilité de leurs corps. Et ce choix de la société affecte leur vie quotidienne.

Toutes les femmes que j'ai reçues en entrevue pour mon étude avaient un mode de vie déterminé de l'intérieur et décidaient constamment de ce qui était bon et juste pour elles grâce à leur petite voix intérieure.

Catherine: J'imagine que si quelque chose ne va pas, une partie de mon corps m'en avertira.

Julie: Une des choses qui m'aident beaucoup est de me concentrer sur mon corps et sur la manière dont il se sent plutôt que sur son aspect.

Grace: Je crois que je n'ai plus à faire plaisir aux autres. Je dois d'abord me faire plaisir à moi. Je n'ai plus à maigrir pour impressionner qui que ce soit.

Michèle: Peu importe les canons de la beauté, je sais que je suis belle. Mais parfois, je me sens comme si je n'étais acceptable par personne et ça me rend triste parce que moi, je me trouve de plus en plus acceptable.

Catherine: Votre vie n'est jamais facile si vous devez la vivre en fonction de l'approbation de quelqu'un d'autre.

Diane: Mon thérapeute m'a aidée à rester en contact avec ce que j'étais et à être centrée en moi. C'était très important, comme des petits «joyaux» avec lesquels je décorais l'intérieur de moi-même. Ces joyaux m'ont vraiment aidée à franchir une nouvelle étape de ma vie.

Comment peut-on arriver à vivre selon un mode de vie déterminé de l'intérieur? Grâce à l'expérience collective des femmes qui m'ont raconté leur histoire, j'ai appris que ce mode de vie était soutenu par plusieurs piliers: la connaissance, l'introspection, l'affirmation de soi, l'indépendance et l'ouverture d'esprit.

La clé de la transformation en femmes plus orientées vers un mode de vie déterminé de l'intérieur est l'acquisition d'une connaissance adéquate sur sa santé, sur les régimes et sur son image de soi. Nous pouvons y parvenir en écoutant d'abord les vérités profondes de notre corps que nous vérifions ensuite dans une perspective historique et médicale supportant nos expériences. Il est très important de nous familiariser avec cette investigation parce qu'elle rend la confrontation plus facile à supporter. En cessant de faire un régime et en commençant à nous accepter nous-mêmes, quelque chose (y compris notre petite voix critique) vient inévitablement remettre en question notre comportement. Le dernier argument reste toujours «mais c'est si *malsain* d'être gros». Lorsque ce moment arrive, nous nous sentons mieux vis-à-vis de nous-mêmes si nous connaissons un ou deux projets de recherche concluant le contraire. Fortes de cette information, nous pouvons prendre la défense de nous-mêmes. Cela renforce l'image que nous en avons parce que, maintenant, nous pouvons ajouter l'expression «bien informée» à la liste de ce que nous connaissons de nous-mêmes lorsque vient le temps de comprendre la relation entre notre corps plantureux et notre santé. Cela nous aidera à augmenter notre estime de nous-mêmes parce qu'il est bon de connaître ces choses et d'assurer sa propre défense. Cela nous permettra de faire baisser le volume des voix négatives dans notre tête.

Christine: Je crois que l'événement qui a ouvert la porte de l'acceptation de moi a été la constatation de l'horrible aspect des statistiques sur les régimes et le fait que très peu de gens réussissaient à perdre du poids sans le reprendre. Cela m'a permis d'entrevoir la possibilité que je ne parvienne jamais à perdre du poids de façon définitive.

Diane: Apprendre le maximum de choses sur l'alimentation et les théories à propos du poids et de la taille m'a véritablement aidée.

Julie: Je pense qu'une des choses qui m'ont aidée a été d'étudier. Je pense que j'ai accepté mon poids, mon corps et tout le reste parce que j'en avais beaucoup appris à ce sujet.

En acquérant des connaissances, il nous faut aussi réfléchir. L'introspection est le second pilier du mode de vie déterminé de l'intérieur parce qu'elle nous permet de prendre notre expérience de femme grosse en considération et de tirer nos propres conclusions sur notre corps et notre santé. L'introspection nous permet de vérifier l'exactitude de ce que les autres disent de notre corps grâce à ce que nous ressentons et connaissons sur sa vérité.

Hélène: Avec tout cet excès de poids, je suis toujours moi-même. Je sais parfaitement qui je suis et ce n'est pas une personne grosse sans identité. La vie est plus que d'être ou ne pas être grosse ou que de faire ou de ne pas faire de régime. Je me suis mieux acceptée dès que j'ai vraiment commencé à déballer ces idées et à les examiner.

Diane: Je ne suis pas séparée de mon corps. C'est toujours moi. Sans ce corps, je ne suis plus moi-même. Mon corps a été l'ancre qui m'a rattachée à la terre de manière douloureuse jusqu'à ce que je finisse par m'accepter.

La combinaison du savoir sur la graisse et les régimes et l'introspection sur notre identité de femmes grosses renforce souvent notre position lorsque les autres nous remettent en question à cause de notre corpulence. Parvenir à s'affirmer en tout ce qui concerne notre corps est le troisième pilier qui nous soutient lorsque nous évoluons vers un mode de vie déterminé de l'intérieur. Comme je l'ai déjà dit, nous nous sentons mieux lorsque nous pouvons nous défendre.

Grace: Mon médecin ne m'ennuie pas avec ça et, s'il le faisait, j'irais certainement ailleurs. J'ai la même attitude avec lui qu'avec n'importe qui d'autre: mon corps, c'est mon affaire.

Joanne: Auparavant, j'aurais pu écouter toute une conférence médicale mais, aujourd'hui, ça n'a plus d'importance. Je dis: «Écoutez, si vous voulez me donner une crème pour ces rougeurs, c'est parfait, rédigez-moi une prescription. Si vous ne voulez pas, si vous avez l'intention de me faire suivre un régime alors que je vous ai déjà prévenu que ça ne m'intéressait pas, très bien, je sors d'ici. Je suis venue pour des rougeurs de la peau. Je n'ai pas besoin de votre régime. Je ne le veux pas.»

Julie: J'étais toute contente de la venue de ma famille. Ils n'étaient pas arrivés depuis cinq minutes qu'ils ont commencé: «Tu devrais perdre un peu de poids.» J'ai répondu: «Vous êtes venus jusqu'ici pour passer du bon temps avec moi, et maintenant, vous me parlez de mon poids. Je n'ai pas besoin de ça.»

Anne: Lorsque j'étais enceinte, je ne trouvais pas de vêtements de maternité plus grands que la taille «grande» (18 ans). J'aurais aimé aller dans les magasins spécialisés et dire: «C'est ridicule. Pensez-vous qu'il n'existe pas de femme portant la taille "grande" (18 ans) qui soit enceinte?»

En même temps que l'affirmation de soi apparaît un sentiment d'indépendance qui est le quatrième pilier du mode de vie déterminé de l'intérieur. Être indépendante signifie décider par soi-même ce que l'on désire et le faire, sans tenir compte de l'opinion des autres. Parfois, les femmes avec lesquelles j'ai discuté le considéraient comme de la rébellion.

Diane: J'étais le mouton noir. J'étais intelligente et on m'a étiquetée très tôt comme telle, mais on pensait que j'étais dénuée de bon sens. Je me suis rebellée encore plus.

Sarah: Il existe un aspect de l'acceptation de mon corps qui me fait sentir à contre-courant. Cela me donne la permission de m'épanouir et de vivre les autres aspects de moi qui semblent contradictoires.

Le dernier pilier du mode de vie déterminé de l'intérieur est le fait d'avoir un esprit ouvert. Les personnes grosses font souvent l'objet de discrimination à cause de leur corps. Cela les range donc dans un groupe social extérieur à la société, en marge. Elles savent ce que c'est d'être choisies en dernier, à condition même de l'être. Il est donc parfaitement naturel d'avoir de la sympathie pour les autres qui, comme elles, ne participent que de loin. Le développement d'une ouverture d'esprit face à ceux qui font aussi l'objet de discrimination leur donne de l'empathie et renforce leur propre place dans la société. Elles ne sont pas mauvaises, elles sont simplement différentes.

Sarah: Le féminisme m'a vraiment incitée à accepter la diversité et à refuser les limites ordinaires et rigides. Je reconsidère cela maintenant et je suis ravie de m'être ouverte à d'autres femmes qui ont choisi d'être elles-mêmes.

Michèle: Si vous tenez beaucoup à quelqu'un, vous devez l'accepter tel qu'il est.

Annie: L'aspect positif d'avoir été grosse est de m'avoir rendue sensible aux autres.

La pratique du mode de vie déterminé de l'intérieur est une partie importante de la construction de son image de soi et de l'amélioration de son estime de soi. Mais ce n'est pas la seule. Il existe d'autres moyens de sortir de la mentalité de femme grosse et d'accéder à sa propre vie, comme vivre dans le moment présent, avoir des perceptions positives de la graisse et être consciente de sa compétence, de son assurance et de son pouvoir comme femme grosse.

Avez-vous déjà entendu l'expression «Être ici et maintenant?» C'était le titre d'un livre populaire dans les années 1970 et le slogan de toute une génération tournée vers la philosophie asiatique. Il signifie que le seul instant que nous possédons est le moment présent et qu'il faut donc l'habiter et le vivre consciemment. C'est une chose difficile à faire, surtout dans notre société orientée sur des objectifs. Elle demande de la discipline et le constant rappel d'arrêter de regarder le passé et de prévoir l'avenir. Qu'est-ce que cela a donc à voir avec la construction d'une image de soi bien dans sa corpulence? Mais tout, bien entendu!

Les femmes qui ont des problèmes d'image d'elles-mêmes et de suralimentation ont tendance à vivre dans le futur du «quand j'aurai perdu du poids» ou dans le passé du «lorsque j'étais mince». Dans sa forme la plus aiguë, l'effort pour mincir devient leur préoccupation principale et toutes les autres activités sont mises en attente jusque-là. Ce plan comporte la suspension de ces activités jusqu'à l'atteinte du poids désiré. Malheureusement, pour certaines, ce jour n'arrive jamais.

Les femmes acceptant leur corpulence et ne faisant pas de régime avec lesquelles je me suis entretenue ont en commun une perception d'elles-mêmes qui les incite à cesser de vivre jusqu'à ce qu'elles aient maigri. Puisque les régimes n'ont plus d'intérêt, elles ont dirigé leur attention vers d'autres objectifs. Elles ont développé la faculté d'aller de l'avant, choisi de faire face à leur réalité de femme corpulente et d'en tirer le meilleur parti. Après avoir suspendu leur vie pendant des années jusqu'à ce qu'elles aient maigri, elles trouvent une grande satisfaction à pouvoir vivre dans le corps qu'elles possèdent.

Christine: À un moment, j'ai dressé la liste de ce que je voudrais faire si j'étais mince et décidé de le faire immédiatement. Ma liste comportait trois choses: acheter une nouvelle garde-robe, passer ma licence de pilote et faire du sport. Je me suis épuisée à les faire toutes.

Joanne: Le fait de suivre un régime amaigrissant suspend toute la vie. Je ne sais pas combien de temps il me reste à vivre. Il vaudrait donc mieux que je le vive dès maintenant au lieu de le passer à faire des régimes.

Catherine: Ça m'a pris beaucoup de temps. Jusqu'à ce que je pense «Mon Dieu, si je n'y suis pas parvenue à 44 ans, je me sentirai mal pour le restant de mes jours.» Mais je n'ai pas le temps de me sentir mal.

Christine: Dans la mesure où vous vivez toute votre vie avec le désir de perdre du poids, vous finissez par mourir sans avoir vécu.

Sarah: Nous devons toutes mourir. Ce qui compte, c'est la manière de vivre notre vie maintenant.

71

D'un point de vue psychologique, vivre dans l'instant présent est souvent le signe de la créativité et de l'épanouissement. Carl Rogers, le père fondateur de la psychologie humaniste, parlait de «vivre dans l'instant présent» comme de la meilleure manière pour le moi et la personnalité d'émerger de l'expérience de la vie. Les femmes qui ont choisi de cesser de faire des régimes et d'aller de l'avant accumulent des preuves qu'elles peuvent mener la vie qu'elles aiment dans le corps qu'elles ont. Minces ou grosses, la vie continue et elles peuvent choisir de la vivre pleinement dans le présent.

Cela crée une image de soi entraînant la prise de conscience que nous sommes capables d'utiliser notre temps à faire des activités donnant du sens à notre vie. Par exemple, l'image de Christine comporte le fait d'être pilote et athlète. Ce genre d'ajout à l'image de soi augmente l'estime de soi parce que nous avons plus de chances de réussir les activités de notre vie en ne tenant pas compte de l'échec des régimes. Comment pensez-vous que Christine se sente en étant pilote et athlète? Très heureuse. Vous pouvez vous aussi être très heureuse de votre succès personnel.

Une autre pièce du puzzle de l'estime de soi est la construction de perceptions positives sur la graisse. Lorsque je suggère pour la première fois cette idée à mes classes et à mes groupes, ils restent habituellement perplexes. Qu'est-ce que la corpulence forte peut-elle bien avoir de positif? Les femmes grosses ont passé la plus grande partie de leur vie à haïr tellement leur corps qu'elles sont incapables de dépasser ce sentiment et d'en apprécier les avantages.

Les femmes grosses auxquelles j'ai parlé disent souvent que, au cours du processus menant à l'acceptation de leur poids et de leur image, elles commencent à remarquer les avantages de leur état. Elles commencent à le considérer comme une qualité, aussi bien au sens littéral que métaphorique.

Diane: Pour moi, le fait d'être grosse signifiait que j'étais remarquée et que j'avais une présence avec laquelle les autres devaient compter. Aussi, dès que j'ai pu identifier ses aspects positifs, je les ai considérés comme des éléments de ma personnalité et pas comme une simple facette de mon apparence physique.

Sarah: Je sais que je ne suis pas censée être une personne mince. Je sais aussi que cela ne veut pas dire que je sois dénuée de qualités. Je me considère comme une femme grosse, quelle que soit mon apparence physique.

Joanne: Lorsque je suis bien vêtue, je peux entrer dans une pièce et faire de l'effet: «Voici une femme grosse et elle a beaucoup d'allure.» Je pense que j'ai plus de présence.

Diane: Je ne veux pas maigrir. Si je maigris, c'est très bien, mais je resterai toujours une personne de poids, bien en chair.

Être gros peut aussi vouloir dire être puissant, fort, substantiel, avoir du poids dans le monde, penser large, avoir beaucoup de cœur, etc. Songez au nombre de manières dont la société valorise la grosseur et le volume... sauf lorsqu'il est question du corps féminin! Mais certains d'entre nous ont commencé à percevoir que le volume des personnes grosses constituait une qualité. La phrase «Je suis une femme importante» fait partie de l'image de soi. Au-delà de ces mots, il est possible de penser «Je suis une femme importante, puissante et belle». Cette manière de penser ouvre de nouvelles voies pour améliorer son estime de soi.

La dernière pièce du puzzle de l'estime de soi est de permettre aux femmes grosses d'avoir pleinement conscience de leur compétence, de leur assurance et de leur pouvoir. Les femmes qui ne suivent pas de régime et acceptent leur corpulence ont suffisamment de temps et d'énergie pour atteindre d'autres objectifs que celui de maigrir. On peut lire constamment des choses à propos de femmes grosses qui haïssent leur corps, ont un sentiment d'échec ou acceptent l'idée qu'elles doivent perdre du poids pour pouvoir vivre. Mais il existe autre chose que cette vision étroite de la vie.

Les femmes grosses doivent tout d'abord reconnaître leur compétence. Les femmes qui ne pensent qu'à suivre des régimes et à perdre du poids mettent souvent leurs autres réalisations à la fin de leur liste d'évaluation d'elles-mêmes. Ces succès sont secondaires au fantasme du «quand-j'aurai-maigri». Lorsque vous décidez de mettre la réalisation d'un régime et la perte de poids à la fin de cette liste, vous pouvez néanmoins reconnaître les autres choses que vous faites bien. Vous pouvez commencer à vous considérer comme une femme compétente même si vous ne possédez pas un corps parfait. Les corps parfaits ne sont jamais des garants de la compétence.

Anne: Je m'affirme beaucoup dans mon travail. J'ai des dons. Je m'exprime très bien et je suis capable de transporter mon public. Pour moi, c'est merveilleux de pouvoir toucher quelqu'un et de le faire rire ou pleurer.

Annie: Ce changement a fait ressortir ma créativité. Ç'a été extraordinaire.

Diane: Je me souviens d'avoir pensé à la fin de la rédaction de ma thèse: «Si je parviens à faire ça, je pourrai faire n'importe quoi d'autre. Je peux vraiment me considérer comme une intellectuelle.»

Hélène: Comme je suis capable d'aider des gens qui ont incroyablement souffert toute leur vie à se sentir mieux, être trop grosse n'est pas un grand problème pour moi.

Michèle: Je suis compétente, responsable et fidèle. Je suis tout ça et bien d'autres choses.

En toute logique, c'est l'assurance qui constitue la prochaine étape. Après tout, adopter l'attitude de «je suis bonne» est une preuve de courage pour une femme corpulente. Ce courage se transforme souvent en assurance pour le reste de sa vie. Avoir confiance en donne encore plus.

Julie: Je me sens parfaitement bien vis-à-vis de ma corpulence et de mon poids. Je me sens parfaitement bien lorsque j'entre dans une pièce. Un jour, je suis allée à un mariage en portant un ensemble pourpre, j'étais pourpre de la tête aux pieds. Nous étions en retard. J'ai dit à mon mari «Imagine un peu l'entrée que nous allons faire.» Je veux dire par là que, de toute façon, comme les gens me remarquent lorsque j'entre dans une pièce, autant le faire avec style et en être fière. Lorsque nous sommes entrés, on jouait ma chanson favorite et j'ai dit à mon mari: «Écoute, ils jouent même ma chanson quand j'entre.»

Catherine: Oui, je suis grosse, et oui, je suis extraordinaire!

Michèle: Il s'est passé quelque chose en moi à mesure que je suis devenue plus forte, plus confiante et plus assurée. Les autres ne m'insultent plus avec ma corpulence comme ils en avaient l'habitude auparavant.

Être consciente de sa compétence et de sa capacité à démontrer aux autres son assurance a comme conséquence une sensation de puissance, quel que soit son poids. Toutefois, toutes les femmes grosses ne s'acceptent pas et ne parviennent pas à ressentir cette puissance qui va de pair avec leur poids. C'est un sentiment spécial qui est en accord avec leur volume — tant en matière de corps qu'en matière de dons — et qui entraîne l'augmentation de leur pouvoir dans le monde à travers leur corpulence.

Diane: Faire confiance à mon corps me donne énormément de pouvoir, car cela veut non seulement dire que je m'accepte, mais aussi que je me considère comme plus puissante à cause de ma corpulence.

Ainsi, quel genre d'image de soi la femme qui ne fait pas de régime et qui accepte sa corpulence possède-t-elle? Comment se présente-t-elle aux autres de l'intérieur? Comme me l'a rappelé «la petite Cheri», le fait d'être grosse n'a jamais été au centre de ma perception de moi-même, quoi que les autres aient pu en penser. L'essentiel de mon image de moi soutenait aussi d'autres parties de moi-même, ce qui me permettait de créer et de réussir dans des conditions défavorables.

Les femmes dont je cite les paroles dans ce chapitre nous enseignent d'autres leçons importantes: la manière d'adopter un mode de vie déterminé de l'intérieur dans lequel nous prenons des décisions en fonction de notre sagesse personnelle; s'instruire au sujet des preuves médicales et historiques qui soutiennent notre droit fondamental d'être en bonne santé et heureuses dans le corps que nous avons déjà; apprendre à réfléchir à nos expériences physiques plutôt que d'accepter l'interprétation que la société fait de nos corps. Ces femmes nous encouragent à nous affirmer dans notre gros corps et face à lui, à être plus indépendantes dans nos opinions et nos agissements, à devenir plus larges d'esprit et à éprouver de la sympathie pour ceux et celles qui font l'objet de discrimination à cause de leur différence.

En prenant exemple sur ces femmes qui s'acceptent, nous pouvons aussi essayer de vivre dans l'instant et de développer une opinion favorable à ce que la graisse nous apporte. Nous deviendrons ainsi conscientes de notre compétence dans la vie comme s'il s'agissait d'argent dans un compte bancaire. Nous pourrons afficher notre assurance comme s'il s'agissait d'une bague avec un diamant de trois carats. Nous sentirons la puissance découlant du fait d'être une femme de poids et de substance, une femme généreuse, une femme valant son pesant d'or!

Activités suggérées pour construire l'image de soi et augmenter l'estime de soi

Idées pratiques

1. Lisez les informations médicales qui se rapportent à la vérité de votre corps. Commencez par le premier chapitre et continuez. Lisez aussi les notes.

2. Commencez à rédiger un journal intime dans lequel vous pouvez comparer ce que vous apprenez grâce votre recherche médicale et ce que vous sentez de votre corps. Commencez ainsi à vous familiariser avec sa vérité.

3. Lorsque quelqu'un fait un commentaire positif sur votre apparence, prenez l'habitude de le remercier.

4. Lorsque quelqu'un fait un commentaire positif sur quelque chose que vous faites bien, souriez et remerciez-le simplement.

5. Si quelqu'un fait une réflexion négative à propos de votre corps comme «Avez-vous grossi?» ou, pire encore: «Vous grossissez... Pourquoi ne faites-vous pas un régime amaigrissant?» répondez simplement que votre corps vous appartient et éloignez-vous.

6. Essayez de penser à d'autres manières de prendre votre défense lorsque quelqu'un commence à vous harceler à propos de votre corpulence. Écrivez-les sur un morceau de papier. Entraînez-vous à les lire à voix haute, à vous-même puis à une amie qui accepte votre corpulence. Sachez comment réagir. Imaginez que quelqu'un vous harcèle. Imaginez-vous en train de vous défendre. Affirmez-vous.

7. Pour d'autres suggestions sur la manière dont vous pouvez vous affirmer à propos de votre corpulence, essayez de vous procurer une copie du vidéo *Nothing to Lose,* par le Fat Lip Reader's Theatre. Sketches faits avec humour et style. Très fortement recommandé.

8. Prenez un cours d'entraînement à l'affirmation de soi. Mettez en pratique ce que vous y apprendrez sur votre corpulence.

9. Réfléchissez aux moyens par lesquels vous vous considérez différente de la multitude. Quand vous êtes-vous comportée ainsi pour la dernière fois? Rappelez-vous de faire aujourd'hui quelque chose qui renforcera votre perception de vous-même comme d'une personne indépendante. Faites-le dès que vous sentirez une possibilité de le faire.

10. Réfléchissez à un autre groupe de personnes différentes des autres — les minorités ethniques, les sans-abri, les femmes battues, les personnes du troisième âge — et cherchez le moyen de les rejoindre en pensée ou en acte pour pouvoir vous sentir proche d'elles.

11. Faites la liste de tout ce que vous évitez de faire avant d'avoir un corps parfait. Commencez à les faire. Commencez à recueillir des preuves que vous pouvez mener la vie que vous souhaitez dans le corps que vous possédez.

12. Réfléchissez aux manières dont vous avez tiré avantage de votre corpulence. Si cela vous paraît trop contradictoire avec ce que vous pensez de vous-même, demandez à une amie à l'aise avec votre corpulence de vous dire comment elle considère le fait qu'être grosse soit un avantage. Gardez la pensée suivante en tête: «Être grosse présente certains avantages pour moi.» Attendez pour voir le genre d'idées qui vous vient à l'esprit.

13. Faites la liste de vos compétences. Il n'est pas nécessaire que celles-ci soient extraordinaires, grandioses ou dignes de gloire. Vous êtes peut-être simplement bien organisée ou capable d'avoir un foyer aussi chaleureux que confortable. Vous pouvez posséder du style dans votre façon de vous habiller ou faire les meilleures lasagnes du quartier. Pensez aux choses que vous faites tous les jours sans y prêter d'attention et commencez à les remarquer. Pensez aux défis que vous avez relevés et gagnés (même si personne n'en a rien su). Pensez à vos petits et à vos grands succès quotidiens. Faites-en une liste que vous poserez à côté de votre lit ou écrivez-la dans votre journal intime. Lisez-la souvent. Complétez-la fréquemment. Bâtissez votre connaissance de vous-même comme d'une femme ayant d'autres caractéristiques que celle d'être grosse. Ces autres caractéristiques démontrent que vous êtes compétente.

14. Rédigez une affirmation positive sur vous-même (à partir de votre liste de succès) et lisez-la à voix haute à quelqu'un. Si cela vous paraît trop difficile, commencez par vous la lire à vous-même pour prendre l'habitude de vous l'entendre dire. Répétez-la ensuite à une amie de confiance. Vous serez vite capable de le faire devant un grand nombre d'autres personnes et à des moments appropriés (dans une entrevue d'embauche, par exemple) sans vous sentir gênée de votre compétence.

Journal intime orienté sur les sujets suivants

1. Quelles sont les différentes parties de vous-même? Faites-en la liste. Écrivez des détails à leur propos pour pouvoir mieux les connaître. Quelles sont leurs qualités? Comment peuvent-elles

vous mettre dans l'embarras? Que vous demandent-elles? Qu'attendent-elles de vous? Consultez le livre *What We May Be: Techniques for Psychological and Spiritual Growth Through Psychosynthesis* (1982), de Ferrucci, pour obtenir plus de détails sur la manière de travailler avec ces parties de vous-même.

2. Faites la liste des rôles que vous remplissez et des autres choses que vous avez remarquées à propos de vous-même. Par exemple, être une femme, une citadine, une consultante, une fille de ses parents ou une amoureuse des chats. Ce sont des parties de votre image de vous-même. Que pensez-vous de cette image? Écrivez à propos de ces sujets.

3. Parcourez maintenant votre liste et donnez une valeur à ses composantes. Par exemple, une femme intelligente, une citadine comblée culturellement, une consultante active et productive, une fille aimant ses parents ou une amoureuse de chats très affectueuse. Essayez de mettre en évidence les côtés positifs de cette partie de vous-même. Cela vous aidera à augmenter votre estime de vous-même. Écrivez à propos de votre estime de vous-même. Que ressentez-vous à ce sujet?

4. Pensez aux situations dans lesquelles vous menez déjà un mode de vie déterminé de l'intérieur. Pensez à celles dans lesquelles vous ne le menez pas. Comment vous sentez-vous à ce sujet?

5. Réfléchissez à votre affirmation de vous-même. À quel moment vous affirmez-vous? Quand est-il difficile pour vous de défendre vos droits? Avec qui avez-vous de la facilité à vous affirmer? Avec qui est-ce difficile?

6. Écrivez à propos de votre vie idéale, de votre ultime fantasme d'être une habitante de la terre, avec tous les détails que vous pouvez imaginer. Qu'est-ce que cela vous ferait de vous réveiller le matin? À quoi passeriez-vous votre temps? Où habiteriez-vous? À quoi dépenseriez-vous votre argent? S'il y avait quelqu'un avec vous, qui serait-il? Allez-y. Donnez-vous la permission de l'imaginer et écrivez tous les détails à ce propos. Sélectionnez maintenant quelques manières de commencer à faire ressembler votre vie réelle à votre fantasme *sans modifier votre corps*. Que ressentez-vous à ce propos?

7. Écrivez-vous une lettre dans laquelle vous faites semblant d'écrire à votre meilleure amie. Elle est gravement malade et c'est

79

votre dernière occasion de pouvoir lui dire tout ce que vous pensez d'elle et que vous auriez toujours voulu qu'elle sache, toutes
les manières par lesquelles elle a de l'importance pour vous, toutes
les choses qu'elle a faites pour vous, toutes les merveilleuses qualités qu'elle possède, toutes les manières par lesquelles elle a influencé
votre vie et celle des autres. Dites tout. Mettez la lettre de côté
pendant une semaine. Ressortez-la et lisez-la dans un moment de
calme. Laissez-vous véritablement imprégner par ce que vous ressentez en étant celle pour qui cette lettre est écrite. Acceptez-le.
Après l'avoir lue et ressentie, écrivez vos sensations dans votre journal intime.

Chapitre 4

De l'extérieur de nous-mêmes: l'image du corps

J'ai fait une expérience marquante de l'image du corps en 1993, lors de l'Action de Grâce. Terry, mon mari, et moi, avons passé la soirée chez mon frère. Après le souper, je lui ai demandé si nous pouvions regarder un vidéo réalisé en famille avec notre grand-mère Nan. Depuis sa mort sept ans plus tôt, j'avais évité de le regarder parce que je craignais que ce soit trop douloureux. Mais ce soir-là, j'étais prête à la voir revivre à l'écran dans le salon. Je n'ai pas réalisé que la magie de la télévision allait nous ramener une autre visiteuse du passé et la faire revivre dans cette pièce avec nous.

Mon frère fouilla dans une boîte et en retira une cassette du jour de l'Action de Grâce et de Noël 1983, soit 10 ans plus tôt. J'ai pu y voir un grand nombre de choses qui ont déclenché de grandes émotions chez moi: Nan comme si elle ne nous avait jamais quittés, deux tantes souriantes qui étaient mortes depuis, des versions plus jeunes de mes parents, de mes frères, de mes nièces et de moi... pesant 60 kg (135 lb).

J'ai été stupéfiée par mon image sur l'écran. Je me regardais avec incrédulité. Qui était *cette* femme? Elle était squelettique. Elle n'avait pas de poitrine. Elle agissait bizarrement.

Je ne me reconnaissais pas du tout en elle. Je me sentais embarrassée et honteuse d'être assise dans le salon de mon frère avec mon corps de 105 kg (235 lb). Je sentais la tension monter en moi alors que j'attendais ses commentaires et ceux de mon mari. Des commentaires flatteurs sur mon ancienne apparence.

C'est Terry qui a rompu le silence le premier. Lorsque nous nous sommes mariés en 1990, je pesais plus de 90 kg (200 lb). Et il ne me connaissait pas en 1983. J'ai retenu ma respiration en entendant ses paroles. «Est-ce bien toi, chérie? Tu n'agis pas comme toi-même.» J'ai commencé à respirer un peu mieux parce qu'il ne disait rien sur mon corps. Ensuite, il a dit «Tu es vraiment squelettique. Je pense que je ne t'aime pas du tout dans cet état.» J'ai poussé un soupir de soulagement. Il n'avait pas critiqué mon corps de 1993 et préféré celui de 1983. Il n'allait pas me demander de me mettre au régime. Il n'allait pas demander le divorce parce qu'il savait maintenant que j'avais déjà été mince. À ce moment-là, j'ai compris pourquoi je l'avais épousé: il m'aimait exactement comme j'étais.

Puis mon frère a dit quelque chose sur ma différence d'apparence: j'avais l'air plus jeune, j'étais coiffée différemment. Il n'a fait aucun commentaire sur mon poids, mais j'ai senti qu'il trouvait que j'avais l'air mieux à cette époque-là, lorsque j'étais mince. De toute façon, il pense que tout le monde a l'air mieux en étant mince. C'est son opinion et il y tient. Après tout, c'est un homme et il vit dans la même société que moi. Même s'il connaît ma douleur et ma position à ce sujet, il ne renie pas le fait qu'il préfère voir mon corps plus mince que celui que j'ai maintenant.

Mais mon frère n'était pas la seule personne à pouvoir juger des différents aspects de mon corps, je le pouvais moi aussi. Ma première réaction en me voyant plus mince a été, bien entendu, de me considérer comme plus attirante. Je me sentais de moins en moins à l'aise, assise là en train de me regarder évoluer toute mince à la télévision.

Tout en regardant, mon esprit est revenu jusqu'à cette période de 1983 comme si je la vivais aujourd'hui. C'était le jour de Noël et j'arrivais d'une semaine de vacances au Mexique. J'ai fait un retour en arrière et je me suis soudain rappelé combien je m'étais sentie grosse pendant ce voyage. Quelle avait été ma torture de devoir enfiler un maillot de bain. Combien je me sentais sans attrait et dénuée de sex-appeal. Quel avait été mon embarras lorsqu'un de mes compagnons de voyage avait fait un commentaire sur mes cuisses massives. Combien j'étais mal à l'aise en présence de nourriture puisque j'essayais encore de suivre un régime. Mon Dieu, je m'en souviens si bien. Je pensais que j'étais grosse. Je me sentais grosse. Mais je n'étais pas grosse du tout. Je pesais 60 kg (135 lb). J'étais mince.

Mon esprit ne cessait de fonctionner pendant que je regardais. Je fumais la cigarette à cette époque. J'étais engagée dans une relation amoureuse malheureuse. Je mangeais et faisais des régimes compulsivement. Je me sentais déprimée. Je jouais la comédie, comme un imposteur. Tous ceux qui se trouvaient sur cet écran n'étaient pas sains et cette personne n'était certainement pas moi. J'ai pensé au fait que j'avais cessé de fumer depuis, que j'avais fait un mariage heureux, que j'avais arrêté de suivre des régimes et cessé de manger compulsivement. J'avais suivi une thérapie et me considérais comme une personne relativement saine. Que j'avais terminé mon doctorat. Et que j'avais grossi.

En réfléchissant à tout cela dans le salon de mon frère, une question me vint à l'esprit: en prenant un instantané de moi en 1983 et un de moi aujourd'hui et en demandant ensuite à des gens qui ne me connaissaient pas laquelle des deux était la plus saine et la plus heureuse, quelle réponse obtiendrais-je? Je parie que tout le monde me préférerait en 1983 avec mes 60 kg (135 lb). Mais je connaissais la vérité. Ce n'était pas le cas.

Le fait d'avoir un corps est la condition première pour exister. Notre corps est notre compagnon tout au long de la vie. Il nous apporte plaisir et douleur. Nous pouvons choisir de le nier et de vivre essentiellement à travers notre intellect ou notre esprit. Il nous signifie toutefois son importance avec ses besoins de respirer, de manger, de boire et de dormir.

Notre jugement sur le fait d'avoir un certain type de corps — mince, gros ou entre les deux — est la conséquence des valeurs admises par la société. Et, comme nous l'avons vu au premier chapitre, ce jugement varie selon les époques.

Je me plais à penser qu'un corps fonctionnel et en bonne santé est le meilleur type de corps que l'on puisse avoir. La mode, l'économie, les tableaux de mortalité et les préférences masculines déterminent habituellement ce qui est acceptable pour le corps des femmes. Être en bonne santé ne suffit plus. Nous devons être minces et en bonne condition physique et musculaire, qui sont alors synonymes de bonne santé. Nous devons aussi avoir des seins volumineux sur un corps mince, donnant ainsi au corps idéal de la femme un air d'adolescente. Mais la plupart des femmes ne peuvent pas se conformer à cette norme. Ainsi, la plupart d'entre elles, même les minces, apprennent à ne pas aimer leur corps. Et pratiquement toutes les femmes apprennent dès leur plus jeune âge à avoir peur de grossir.

L'*image du corps* est un terme que nous entendons souvent aujourd'hui. De quoi s'agit-il? J'aime l'idée que Marcia Hutchinson en donne dans son livre *Transforming Body Image: Learning to Love the Body You Have*. Expliquée simplement, l'image du corps est la manière dont nous percevons notre corps sur les plans visuel, kinesthésique et auditif. La perception visuelle recouvre la manière dont nous le voyons dans le miroir et par l'esprit. La perception kinesthésique est la manière dont nous le sentons et le percevons. La perception auditive est la manière dont nous y pensons et parlons de lui. Je voudrais ajouter ce que je considère comme une autre dimension importante: ces perceptions sont influencées par nos attitudes sociales pour certains types de corps de femme. Compte tenu de la tendance capricieuse des goûts de la société pour les types de corps désirables, il n'est pas étonnant que la plupart des femmes soient un peu — ou beaucoup — affolées à propos de leur corps et de son image.

Quel rôle joue donc l'image du corps dans la vie d'une femme d'aujourd'hui? En 1986, le magazine *Psychology Today* a fait un sondage sur l'image du corps auprès de 30 000 hommes et femmes. Ses résultats ont été comparés à ceux d'un autre sondage effectué par le même magazine en 1972. Pour la satisfaction qu'elles retiraient de leur apparence extérieure générale, le sondage de 1986 montrait que 38 p. 100 des femmes en étaient généralement mécontentes, un plus grand pourcentage qu'en 1972. De plus, 55 p. 100 d'entre elles rapportaient une insatisfaction à propos de leur poids, surtout au niveau de la partie basse et moyenne de leur torse. Encore plus de femmes, 63 p. 100, avaient peur de grossir. En comparaison des hommes, les femmes d'un poids inférieur à la moyenne étaient plus enclines à se trouver normales et les femmes d'un poids normal avaient tendance à se trouver trop grosses. Ces résultats prouvent bien que les femmes ont des normes encore plus sévères que les hommes pour la définition d'un corps acceptable.

D'autres résultats de cette étude montraient que, bien que la majorité des femmes de poids excessif n'aimaient par leur apparence, un grand nombre d'entre elles se sentaient bien dans leur peau. Des femmes à leur poids idéal rapportaient cependant leur préoccupation constante au sujet des parties supposées trop grosses de leur corps. Les chercheurs ont donc conclu que le fait de peser son poids idéal ne garantissait pas le bonheur et que le fait d'en être très éloigné ne garantissait pas le malheur.

Un plus grand nombre de femmes sont maintenant au courant des différences entre l'image du corps que la société projette sur elles et la réalité de la vie dans un corps de femme. Les livres et les articles de magazine semblent maintenant les inciter à s'accepter telles qu'elles sont. Toutefois, le message «transformer votre corps en un autre plus mince» cohabite avec celui d'«accepter votre corps tel qu'il est» et cela crée de la confusion. De plus, certains livres qui se voudraient des garants de l'acceptation du corps tel qu'il est ne sont en fait que des livres de régimes déguisés.

Par exemple, dans la section «Nouvelles pour les femmes» d'un récent numéro du *Chicago Tribune,* un article sur la manière de cultiver une saine image du corps voisinait avec une annonce sur la liposuccion (traitement des surcharges de graisse par aspiration) et la chirurgie esthétique illustrée d'une jeune femme très mince et pratiquement torse nu qui fixait le lecteur d'un air séducteur. De la même manière, le magazine *Vogue* publiait récemment un article s'attaquant au culte des régimes à faible teneur en matières grasses, et ceci entre les photographies de deux mannequins presque sque-

85

lettiques. Et Lane Bryant, un marchandiseur qui vend des vêtements pour femmes grosses depuis des dizaines d'années, choisit des femmes de taille «moyenne» (8 ans) pour présenter les modèles dans ses catalogues. Ce n'est donc pas étonnant que les sentiments des femmes à propos de leur image du corps changent aussi radicalement d'un moment à l'autre.

Ainsi, comment les femmes peuvent-elles arriver à modifier leur esprit pour l'ajuster à leur corps au lieu d'essayer de modifier leur corps pour l'ajuster à leur esprit? C'est une tâche difficile, mais qui n'a rien d'impossible. Commençons par jeter un coup d'œil sur les expériences de femmes qui m'ont raconté leur histoire et sur les interprétations que j'en ai faites.

Même si ces femmes doivent vivre grosses dans une société dévaluant leur corpulence, elles sont néanmoins parvenues à traiter l'image de leur corps de manière créative. En commençant ces entrevues, je croyais qu'une femme avait besoin d'une image réaliste de son corps pour être bien dans sa peau. Cette conviction provenait de ma formation de thérapeute. Ce que j'entendais de ces femmes était toutefois bien différent. Certaines disaient qu'elles se voyaient plus minces qu'elles ne l'étaient en réalité. Et elles le savaient. Je m'attendais pour ma part qu'une femme grosse qui accepte son corps se voit comme elle était réellement, c'est-à-dire grosse.

J'ai commencé à m'écarter de mes théories de thérapie en me rendant rapidement compte que les femmes grosses possédant cette image de leur corps réduite *étaient* saines sur le plan psychologique. La sous-estimation de la corpulence peut être une réaction très saine des femmes grosses, qui les aide à s'accepter plus complètement et qui enrichit leur vie. Pour les femmes grosses, une image de leur corps plus mince leur permet d'agir comme si elles étaient d'une grosseur «normale». Cette manière d'agir «comme si» leur permet de vivre sans être encombrées par leur stéréotype de femme grosse. Elles peuvent se considérer comme plus minces et agir comme si leur corpulence n'était pas un problème pour elles ni pour les autres.

L'un des objectifs des thérapeutes travaillant avec des femmes anorexiques ou boulimiques est de les aider à se former une image réaliste de leur corps. Cette précaution est indispensable à cause de la distorsion de leur image de soi qui leur fait croire qu'elles sont trop grosses et les oblige à jeûner de manière exagérée ou à trop manger. La mise au point d'une image de soi réaliste est au service de la survie de ces femmes. Les femmes grosses qui participent à mes entrevues ne souffrent pas, par contraste, de troubles de l'alimentation comme l'anorexie ou la boulimie. Pour elles, avoir une image de leur corps plus mince est vraiment un outil pour vivre plus sainement. Puisqu'il s'agit de démarches positives, je l'appelle donc l'image créatrice de soi. Nous recréons notre image de nous-mêmes pour pouvoir minimiser les effets du stéréotype de grosse dans notre vie.

Je possède ma propre image créatrice de mon corps. Lorsque je me prépare à nager chaque matin, pensez-vous que je me souvienne que le maillot que je porte est de taille «très grande» (22 ans)? Absolument pas. Si j'y pensais, je ne voudrais certainement pas l'enfiler. En réalité, je n'aurais même certainement pas de maillot de bain. Ce qui signifie que je ne serais même jamais allée dans une piscine et que je n'aurais jamais nagé 1,6 km par jour. Je serais restée à la maison en me lamentant sur ma grosseur et en souhaitant perdre du poids pour que je puisse enfin y aller!

D'autres femmes grosses avec qui je me suis entretenue m'ont raconté leurs histoires à propos de l'image créatrice de leur corps; elles ne l'appelaient simplement pas ainsi.

Hélène: Ça n'avait tout simplement aucun sens que je pèse 121 kg (270 lb) et que je puisse aller faire quatre à cinq séances d'entraînement physique par semaine. Je me sens comme si j'ai un corps «intérieur» très athlétique et en bonne forme, et que j'ai cet autre corps que je ne croyais pas être le mien jusqu'à ce que j'en vois une photographie.

Patricia: Il y a un mythe selon lequel si j'ai une silhouette grosse je ne peux rien faire. Par conséquent, je ne peux rien faire tant que je ne change pas l'image que j'ai de moi.

Annie: Je pense que je suis une personne mince. Je me sens comme une personne mince. C'est très étrange. Je veux dire que j'ai été grosse pendant pratiquement toute ma vie, mais je commence maintenant à penser que je suis mince et à me penser plus mince que je ne le suis en réalité. J'ai une sorte de surprise lorsque je me vois: «Oh, je suis vraiment plus grosse que je le pensais.»

Sarah le résumait bien lorsqu'elle disait «Je choisis délibérément d'avoir une image plus mince de mon corps physique pour pouvoir vivre l'idée que j'ai de moi-même.»

Il existe tout de même un paradoxe: les femmes grosses disant qu'elles acceptent le volume de leur corps disent aussi qu'elles ne se considèrent pas personnellement comme grosses. Pour la plupart des femmes, l'image du corps est une chose fluide et changeante. Elle est mise en forme par toutes sortes de forces. Celles-ci peuvent venir de l'extérieur, comme le commentaire d'un ami ou d'un inconnu. Elles peuvent aussi venir de l'intérieur comme un sentiment ou une observation au sujet de soi-même. Ou elles peuvent venir avec la notion de temps, lorsque nous affrontons des images de nous-mêmes venant du passé comme je l'ai fait à l'Action de Grâce 1993.

Gale: Je ne me visualise pas toujours clairement à 112 kg (250 lb). Je n'ai pas mentalement intégré ma prise de poids de ces dernières années. Je m'en rapproche. Je me considère comme une femme grosse, mais plus mince que je ne le suis vraiment.

Sarah: J'ai plusieurs images. Je ne suis pas, et mon corps n'est pas non plus, cette chose statique et fixe. Il varie selon ce que devient mon espace intérieur. Ce n'est pas pathologique du tout, c'est un problème de distorsion. C'est peut-être à cause de ma fonction dans la vie ou de mes changements intérieurs.

Ce ne sont pas toutes les femmes avec lesquelles j'ai parlé qui se considèrent aussi minces. Certaines se voient aussi grosses que leur image dans le miroir ou leurs photographies. Elles n'hésitent pas à se traiter elles-mêmes de grosses. Elles semblent être capables d'employer ce mot sans considérer qu'être ainsi soit incorrect ou qu'elles devraient changer. Il y a aussi celles qui se disent fières d'être des «femmes de substance», des «femmes de poids» ou de se sentir plus puissantes à cause de leur corpulence. Ces femmes possèdent ce que j'appelle une «image transfigurée du corps». Elles ont évolué dans l'acceptation de leur corpulence et en sont venues à une vision d'elles-mêmes modifiée avec le temps. Marge disait: «Je me regarde dans le miroir tous les jours et je sais que je suis une femme grosse.» D'autres l'expriment différemment:

Joanne: L'image mentale que j'ai de moi est celle d'une grosse. J'avais trois ou quatre ans lorsque j'ai réalisé que j'étais une enfant grosse. Et je ne me suis jamais considérée autrement que grosse.

Diane: Vous savez, sans vêtement, j'ai des seins lourds, des grosses hanches et des grosses jambes. J'aime me tenir devant mon miroir et admirer mon corps volumineux et fort. Je me valorise d'être ce que je suis.

Avoir une image du corps qui corresponde à son véritable volume semble être une attitude qui se développe progressivement avec le processus d'acceptation de soi. Comme nous le verrons dans le chapitre 6, l'image de notre corps change en même temps que nous évoluons vers l'acceptation de nous-mêmes. Nous pouvons tout d'abord nous considérer comme plus minces que notre image réfléchie par le miroir ou qu'une photographie de nous. C'est l'image créative du corps qui nous permet d'extérioriser notre idée de nous-mêmes sans être encombrées par les stéréotypes de femme grosse et nous aide à progresser dans le processus d'acceptation de notre corpulence. Cela peut conduire ou non à une image du corps transfigurée. Ce n'est pas très important de passer d'un type d'image du corps à un autre. Ce qui est important, c'est que l'image de notre corps nous aide à vivre la vie que nous souhaitons dans le corps que nous possédons.

Nous devons nous poser diverses questions à propos des distorsions de l'image du corps. Est-ce vraiment notre image du corps qui est déformée ou sont-ce nos convictions à propos de la graisse? Selon les convictions actuelles, une femme grosse ne peut pas faire certaines choses. Elle ne peut pas être intelligente, belle, créative, ni pleine d'énergie. Elle ne peut pas avoir de vie du tout. Mais ce n'est pas ce que ressentent les femmes ayant commencé à mieux s'accepter avec leur corpulence. L'esprit des femmes grosses est beaucoup trop occupé à essayer d'intégrer le fait d'être grosses à la réalité d'une vie plus pleine. Ainsi, elles ne se considèrent pas comme grosses de la même manière que les femmes se trouvant à l'autre extrémité de l'échelle de poids. Ce n'est pas tellement une image irréaliste du corps qu'une idée irréaliste de ce qu'une femme grosse ressent vraiment. Les stéréotypes actuels sur les personnes grosses ne s'appliquent pas à elles. Elles n'entrent tout simplement pas dans ce tableau. Ces femmes ont créé une nouvelle perception de l'image de leur corps et de leur grosseur: nous les grosses, nous ne sommes pas mauvaises, nous sommes simplement différentes.

Hélène: Même en étant grosse, pourquoi voudriez-vous avoir une image du corps grosse? Si vous le faisiez, vous devriez aussi agir en personne grosse.

Aline: Intérieurement, je possède l'image d'une personne plus mince. Je peux faire tout ce que je veux. Je me considère comme capable de prendre ma place dans le monde, de m'accomplir, de faire des choses normales. Aussi, lorsque je me vois dans le miroir ou en photographie, je me dis «Mon Dieu, si je suis si grosse, comment puis-je faire tout cela?» Peu importe! Je le fais simplement.

Hélène: Lorsque j'ai commencé à enseigner l'aérobique, mon mari disait qu'on m'avait menti, parce que même si j'étais sportive, on me disait que j'étais grosse. J'avais l'habitude d'abandonner ce que j'entreprenais parce que j'étais trop embarrassée par ma corpulence. J'avais un corps athlétique et, lorsqu'on me disait que j'étais grosse, c'était un mensonge.

90

L'appréciation de la diversité et de la beauté de tous les types de corps — en mettant la *différence* en valeur — est la clé de notre acceptation de nous-mêmes. Nous avons besoin d'élargir notre esprit pour y inclure d'autres images de beauté que celles des pages de *Vogue* et de *Glamour*.

Il n'y a pas si longtemps, la beauté afro-américaine n'était pas appréciée dans la société nord-américaine. Les Afro-Américaines finalistes des concours de beauté étaient assimilées à la version américano-européenne de la beauté: peau claire, cheveux lisses, petit nez et lèvres minces. Toutefois, à cause des efforts conscients des Afro-Américains pendant les années 1960 et 1970 pour se réapproprier leur culture et faire accepter leur définition de la beauté, les idéaux culturels de la beauté se sont élargis pour intégrer l'image des femmes afro-américaines: «black is beautiful!»

De la même manière, les femmes grosses peuvent commencer à élargir leur vision et leur image personnelle de la beauté pour y inclure des femmes grosses avec des hanches larges, des ventres, des seins et des visages ronds. Nous pouvons toutes y parvenir en incluant délibérément des images de belles femmes grosses dans notre vie quotidienne. Cela nous aide à contrebalancer le bombardement d'images de femmes minces effectué par la télévision, les couvertures de magazine et les affiches. L'abonnement à des magazines comme *BBW* ou *Radiance* peut aider. Tout comme l'étude des peintures de Renoir et de Rubens et les sculptures de Bottero. Regardez ces images anciennes de déesses dont les corps plantureux sont synonymes d'abondance, de fertilité, de prospérité et de créativité. Regardez la nature pour vous rappeler que le tournesol, gros, brillant et charnu, est aussi beau que le muguet, fragile, délicat et parfumé.

L'image du corps est une notion assez complexe. Certaines attitudes semblent toutefois s'appliquer de manière répétitive aux femmes grosses. Premièrement, l'image de leur corps est fluide et changeante. Elle peut être modifiée de jour en jour ou d'année en année indépendamment du fait qu'elles grossissent ou maigrissent de 450 g (1 lb). Deuxièmement, elles peuvent ajuster la taille de l'image de leur corps pour s'aider à mener la vie enrichissante qu'elles souhaitent et méritent, et qu'il leur arrive parfois de mener. Certaines d'entre nous se voient dans le miroir et se considèrent comme des femmes grosses. Certaines ont réussi à ajuster leurs idées sur ce qu'était la graisse et se qualifient de corpulentes ou de grosses sans y ajouter de connotation négative ni se sentir obligées de maigrir.

Certaines études endossent cette révision de l'image du corps. L'une d'elles, par exemple, qui examine la relation entre l'image du corps et la dépression, conclut que les étudiantes déprimées étaient plus insatisfaites de leur corps que les autres. Une autre rapporte que les personnes déprimées déforment l'image de leur corps de manière négative, alors que celles qui ne le sont pas la déforme de manière positive. Cela ressemble étrangement à l'image créatrice ou transfigurée du corps des femmes! Cela implique aussi qu'à cause de notre corpulence, ce sont des moyens que nous pouvons employer pour nous aider à éviter la dépression.

Une autre étude rapporte que l'étiquette qu'une personne colle à son poids a non seulement des conséquences sur l'image de son corps, mais aussi sur son estime de soi. Cela signifie que celles qui ont mis une étiquette positive sur leur poids et leur corpulence — créatives et transfigurées par opposition à irréalistes — se comportent et pensent à elles-mêmes d'une manière capable d'améliorer leur estime de soi. Et une amélioration de l'estime de soi peut rendre la vie plus agréable.

Qu'est-ce que tout cela peut avoir en commun avec vous et moi? Ces idées se rapportent à mon histoire du début de ce chapitre. À 60 kg (135 lb), j'étais malheureuse parce que je n'étais pas satisfaite de mon corps et que je me croyais plus grosse que je l'étais réellement. Aujourd'hui, malgré que je sois plus lourde, je me sens mieux parce que le fait de m'imaginer plus mince n'est qu'une recréation de moi-même. Je traverse ma vie en me voyant comme faisant une taille «grande» (16 ans), ce qui me permet de faire ce que je ne ferais pas si je pensais vraiment à ce qu'une femme d'une taille «très grande» (22 ans) peut faire. Souvenez-vous de l'anecdote à propos de mon maillot de bain.

Je me considère comme une femme qui accepte sa corpulence. Il existe toutefois certaines périodes au cours desquelles je suis confrontée au fait d'être plus grosse que je ne le pense. Lorsque je vois des photos de moi avec cette corpulence, je me souviens de mon ancienne perception où je pensais ne pas être attirante. Il m'arrive parfois de haïr l'image que je vois. D'autres fois, elle me rend triste. Mais alors, je prends de grandes respirations, je range la photo et je continue à vivre pleinement ma vie. L'image créative de mon corps m'y aide.

Laissez-moi toutefois clarifier un point: certains peuvent penser qu'il s'agit d'un mensonge; il vaudrait mieux et il serait plus honnête de me voir telle que je suis. Les thérapeutes connaissent depuis longtemps la tendance de leurs clients à amincir volontairement l'image de leur corps et se sont efforcés de leur faire développer une perception réaliste d'eux-mêmes. Ils ont agi ainsi parce qu'ils pensaient que c'était une bonne manière de les motiver à suivre un régime. Le fait de posséder une image du corps plus mince qu'il l'est en réalité est aussi une forme de mensonge, mais plus saine, une «déception de soi créative» ou une «illusion positive». C'est un outil permettant de se réapproprier sa vie. Il est efficace. Et nous savons que faire un régime amaigrissant ne l'est pas.

Je suis aussi consciente que je n'arriverai peut-être jamais à atteindre une image du corps transfigurée. Cela ne signifie pas que je m'accepte moins en tant que personne. Ce que nous appelons notre image du corps n'a pas d'importance. Il est plus important de vivre complètement sa vie, jour après jour, sans critiquer le corps qui nous permet d'y parvenir.

Christine résumait ainsi la nature insaisissable de l'image de son corps. Elle avait modifié son esprit pour qu'il s'adapte à son corps: «J'avais l'habitude de penser que cette femme qui enseignait le ballet-jazz était vraiment belle, mais elle ne l'était pas. Ç'a été étonnant pour moi de regarder sa photo et de penser qu'elle était maigre comme un clou et que cela n'était plus mon idéal. Je ne veux plus *jamais* lui ressembler. J'ai réalisé que j'étais bien ainsi, que c'est exactement ce que je voulais être, en sachant qu'il existe plusieurs choses à quoi je voudrais ressembler, mais sûrement pas à elle.

Activités suggérées pour développer
une image de soi positive

Idées pratiques

1. Commencez à associer la notion de *gros* avec des pensées positives. Par exemple, les gens aiment gagner de «grosses sommes d'argent», travailler pour une «grosse entreprise» ou se faire une «grosse place au soleil». Nous aimons penser que nous avons un «un cœur gros comme ça». Être gros est une notion positive de nombreuses manières. Pourquoi ne pas en faire une manière positive de décrire nos corps? Essayez de pratiquer en disant: «Je suis grosse *et* belle.»

2. Abonnez-vous aux magazines *Radiance* et *BBW (Big Beautiful Woman)*. Le fait d'avoir des images élégantes de femmes grosses autour de vous peut vous aider à modifier votre conception de la beauté.

3. Recherchez des tableaux de femmes grosses à plusieurs époques de l'histoire de l'art et regardez-les souvent. Vous pouvez en trouver dans les musées ou dans les livres d'art. Conservez votre gravure favorite de femme grosse à un endroit où elle peut vous rappeler sa beauté, et la vôtre.

4. Triez votre garde-robe. Ne conservez que les vêtements qui vous vont bien aujourd'hui. Le fait de voir tous les jours des vêtements beaucoup plus petits dans votre placard peut s'avérer terriblement déprimant.

5. Achetez des vêtements qui vous vont bien. Ne faites pas attention à la taille. Les marchands de prêt-à-porter vous diront que les tailles peuvent être complètement différentes selon les fabricants. Si le fait de voir les tailles vous dérange, coupez simplement les étiquettes. Allez faire des achats avec une autre femme corpulente qui vous dira la vérité sur les vêtements que vous essayez. Trouvez un commerçant que vous aimez et en qui vous avez confiance et laissez-le vous habiller.

Journal intime orienté sur les sujets suivants

1. Souvenez-vous d'une époque de votre vie où vous étiez plus mince. Que se passait-il dans votre couple, votre travail, votre famille? Y avait-il des moments où vous n'*étiez pas satisfaite* de votre vie?

2. Réfléchissez maintenant à votre vie dans votre corps actuel, le corps qui est plus gros que vous ne le souhaiteriez. Que se passe-t-il dans votre couple, votre travail, votre famille? Existe-t-il des moments où vous n'*êtes pas satisfaite* de votre vie? Quels sont-ils?

3. Si vous pensez que votre vie n'était pas aussi heureuse lorsque vous étiez plus mince mais que vous vous *sentiez* mieux, pensez à ceci: Vous sentiez-vous mieux parce que tout le monde vous le disait («Ne vous sentez-vous pas mieux maintenant que vous avez perdu du poids?») ou parce que tout le monde vous trouvait plus belle en étant mince? Ou parce que vous vous sentiez vraiment mieux? Il est parfois difficile de faire la différence entre ce que nous sentons réellement et ce que les autres disent que nous devrions sentir.

4. Existe-t-il parmi vos relations une femme grosse que vous aimez beaucoup? Parmi les membres de votre famille? Vos amies? Vos collègues de travail? Pensez aux qualités qu'elle possède. Ne l'aimez-vous pas pour elle-même? Son poids n'a-t-il rien à y voir? Réfléchissez maintenant sur vos qualités personnelles. Pouvez-vous vous considérer comme une personne facile à apprécier ou à aimer même en étant grosse? Pouvez-vous vous considérer aussi bien que cette femme grosse? Pouvez-vous apprécier vos qualités en dépit de votre corpulence?

5. Quel type d'image du corps avez-vous, créative ou transfigurée? Comment en êtes-vous sûre? Comment percevez-vous l'utilisation d'une manière positive de décrire l'image de votre corps?

Travail sur l'image de son corps

1. Cherchez des photographies de vous-même à diverses époques de votre vie. Alignez-les par ordre chronologique. Réfléchissez à la manière dont vous vous sentez face à votre corps à ces diverses époques et pourquoi. Faites part de ces pensées à une amie.

2. Cherchez une photo de vous-même plus mince. Regardez-la. Parlez à la personne que vous étiez à cette époque. Dites-lui que vous êtes heureuse qu'elle fasse partie de votre vie. Décrivez-lui la manière dont elle vous a aidée à évoluer. Dites-lui qu'elle vous manque, mais que vous devez lui dire au revoir. Autorisez-vous à percevoir les émotions qu'elle ramène. Exprimez ces émotions d'une manière quelconque, en rédigeant, par exemple, votre journal intime ou en parlant à une amie. Donnez-vous le temps de porter le deuil de votre corps mince.

3. Utilisez les visualisations du livre *Transforming Body Image* de Hutchinson.

4. Demandez à une amie de tracer le contour de votre corps sur une grande feuille de papier. À l'intérieur du dessin, décrivez ce que vous éprouvez face aux différentes parties de votre corps en utilisant les couleurs appropriées. Parlez-en à votre amie. Écrivez cette expérience dans votre journal intime.

5. Avec une amie, prenez-vous réciproquement en photo avec un appareil polaroïd. Amusez-vous. Prenez de nombreuses photos de votre corps: de face, de dos, de profil, couchée sur le dos, couchée sur le ventre, etc. Réfléchissez à ce que vous voyez et à ce que vous ressentez. Écrivez-le dans votre journal ou racontez-le à votre amie.

6. Écrivez quelques affirmations à propos de votre corps. Les affirmations sont des avis positifs sur nous-mêmes que nous nous disons afin de contrecarrer les effets de notre petite voix critique. Un exemple d'affirmation peut être «Mon corps est de taille parfaite pour moi maintenant». Ou «J'aime la rondeur de mon ventre». Voir les livres *Transforming Body Image* et *Somebody to Love* pour d'autres idées. Conservez vos affirmations là où vous pourrez les voir tous les jours. Répétez-vous-les aussi souvent que possible.

7. Lorsque vous possédez une image créatrice de votre corps, des photographies ou des vidéos vous représentant risquent de vous déranger. Voici ma solution: ne les regardez pas. Si le fait de les regarder vous bouleverse, respirez puis fermez les yeux et dites une de vos affirmations positives ou rappelez-vous une de vos qualités. Mettez la photo de côté et n'y pensez plus.

Chapitre 5

L'esprit en action: implication dans quelque chose de plus grand que soi

Dans le cadre du mois de la femme, j'ai un jour reçu une récompense communautaire pour «avoir contribué à l'avancement personnel et professionnel de la femme». On me remercia publiquement d'avoir été un modèle pour les femmes et en particulier d'avoir été une personne corpulente travaillant sur des sujets reliés à l'estime de soi de toutes les femmes. Voici un extrait du discours de remerciement que j'ai prononcé à cette occasion:

> On m'a récemment demandé de décrire mon projet le plus ambitieux pour la communauté. J'ai répondu que je voulais œuvrer pour un monde dans lequel tous les êtres humains étaient reconnus et honorés pour ce qu'ils apportaient à la communauté, sans égard à leur sexe, leur ethnie, leur race ou leur corpulence. Je me sentais concernée parce que je savais ce que représentait le fait d'être à

l'écart du groupe, d'abord parce que j'étais une femme et ensuite parce que j'étais une femme corpulente. Une femme grosse. Une femme qui prenait de la place.

Nous entendons beaucoup parler aujourd'hui d'acceptation de la diversité chez les êtres humains, mais les gens font principalement référence aux ethnies, aux races et aux sexes. J'aimerais ajouter que, chez les êtres humains, l'acceptation de la diversité relative à l'apparence et au volume du corps a aussi son importance. Des millions de femmes dans le monde passent une grande partie de leur journée à se soucier de ce qu'elles mangeront ou ne mangeront pas, de l'apparence de leur corps ou de leur poids. Les femmes dépensent des millions de dollars en régimes amaigrissants et en produits diététiques. Tout cela me fait dire «Quelle perte de temps, de ressources et d'argent!» Je vous demande de réfléchir à ceci: que serait aujourd'hui notre monde si le temps et l'énergie que les femmes mettent à réfléchir à ce qu'elles doivent manger et à leur corpulence était employé à résoudre les problèmes de l'humanité? Et comment les milliards de dollars que cela représente pourraient servir à nourrir ceux qui ont faim au lieu de grossir les comptes bancaires de l'industrie des régimes?

Je me sens honorée aujourd'hui d'être un modèle pour les autres femmes. Je me sens honorée de faire partie du petit groupe de femmes qui ont reçu cette récompense avant moi. Chacune a apporté son message original à des femmes dont la vie ressemble à la mienne. Aujourd'hui, mon message pour elles est le suivant: «Si une femme corpulente, ou si vous préférez une femme grosse comme moi, peut connaître une vie intéressante et pleine de succès, vous le pouvez aussi. Si une femme comme moi peut être reconnue et honorée, vous le pouvez aussi. Mais vous devez repousser les préjugés et les stéréotypes rattachés à la corpulence et aux normes d'apparence qui sont tout simplement impossibles à atteindre pour la plupart des femmes.»

Celles d'entre vous qui partagent cet objectif avec moi — grosses, minces ou entre les deux — peuvent décider de vivre leur vie dans le corps qu'elles possèdent. Mon souhait est qu'elles puissent dégager du temps, de l'énergie et des ressources pour pouvoir mener les vrais combats de ce monde plutôt que de se battre avec elles-mêmes et avec leur corps.

Nous avons considéré les femmes grosses qui acceptent leur corpulence et ne font pas de régime dans une perspective d'image de soi et d'image de leur corps. Une image plus précise de qui elles sont comporte aussi l'exploration d'un autre aspect, l'esprit. L'esprit a été défini de nombreuses manières, mais l'esprit dont je parle ici est l'énergie qui lie les humains et les unit à quelque chose de plus grand qu'eux. C'est ce qui nous permet de transcender la douleur de la vie, de lui donner un sens et de l'enrichir.

Les femmes grosses acceptant leur corpulence et ne faisant pas de régime avec lesquelles j'ai parlé vivent en termes de relation et d'action. Cela se manifeste comme un sens de la spiritualité personnelle qui s'exprime parfois par une affirmation publique en tant que femme grosse. Être impliquée dans quelque chose de plus grand que soi signifie tenir un rôle actif dans l'acceptation de sa corpulence, une acceptation qui permet d'être une femme grosse capable d'aider les autres. Cela nous relie au monde d'une manière située au-delà de notre incarnation. Comparez ceci avec les femmes qui abandonnent passivement les régimes, mais désirent encore être minces ou sont obsédées par cette nécessité. Elles ne sont pas véritablement reliées à leur corps et leur préoccupation à propos de leur apparence les laisse souvent sans énergie pour d'autres choses.

Cet esprit et cette action sont très visibles chez toutes les femmes que j'ai rencontrées pour mon étude et émergent de diverses manières et à des degrés variables. Je l'ai remarqué chez de nombreuses femmes m'ayant raconté leur histoire d'acceptation de leur corpulence. Une femme qui prend une part active dans cette

acceptation est habituellement inspirée par sa définition personnelle de la spiritualité et par le fait d'afficher publiquement son
acceptation ou par les deux à la fois.

Au niveau le plus fondamental, l'esprit en action signifie
qu'une femme grosse reconnaît et apprécie le corps dans lequel
elle vit en en prenant soin. Elle a aussi conscience qu'elle est plus
que son corps. Elle a aussi un esprit, des émotions et une vie créative qu'elle apprécie également. Elle passe du temps à développer
toutes les parties d'elle-même et cherche à les équilibrer. Accepter sa corpulence et la forme de son corps fait partie de son autonomie et libère la femme afin qu'elle puisse porter attention au
reste de son moi et par conséquent au reste de sa vie. Souvent,
mais pas toujours, cette notion est considérée par la femme
comme une approche spirituelle. Et quelquefois cette attitude la
conduit dans une sphère davantage publique, avec son esprit diri-
geant son corps. Une qualité de cet esprit est qu'il peut se développer et se modifier en même temps que son degré d'acceptation d'elle-même et de sa corpulence. Dans les stades précoces
d'acceptation du volume de notre corps, nous avons tendance à
être impliquées dans quelque chose de plus grand, de plus personnel et de plus intime. Nous avons un sens de la relation d'une
manière spirituelle qui n'est pas facile à définir, mais que nous
pouvons considérer comme relié au divin ou à la nature.

Michèle: J'ai du mal à le définir mais, lorsque je demande de l'aide
à quelque chose de plus grand que moi, j'ai le sentiment
d'être «connectée». J'ai aussi besoin de me sentir liée
avec des femmes qui éprouvent la nécessité de s'exprimer. Je crois que la puissance est là et qu'elle provient de
l'intérieur. Elle me permet d'être toujours en quête de
quelque chose de mieux.

Louise: Même si personne ne vous aime, Dieu vous aime. Et il ne
tient pas compte du poids que l'on pèse. Il aime aussi les
gens squelettiques! Ma mère avait l'habitude de dire que
nous sommes tous identiques aux yeux de Dieu. Je crois
qu'elle avait raison.

Anne: Je ne pense pas que Dieu se soucie du fait que je dépasse largement les limites de poids des tableaux d'assurance.

Plusieurs des femmes avec lesquelles je me suis entretenue ont exprimé leur spiritualité en reconnaissant la diversité de la nature reflétée par la diversité de l'être humain.

Joanne: En observant la nature, on remarque que rien n'est identique. La diversité est à la base des plans de Dieu. Deux choses ne sont jamais exactement pareilles. L'immense chêne et le minuscule arbuste, les brins d'herbe, les flocons de neige, tout est différent. Ainsi, puisque toutes les choses sont différentes, pourquoi les femmes et les hommes ne le seraient-ils pas? Cela compléterait le tableau.

Certains expriment cet esprit en entretenant des relations avec les autres personnes différentes de la société. Certains le font d'une manière plus individuelle, un par un, dans leurs relations avec leur famille, leurs amis, leurs clients ou leurs connaissances professionnelles. Quelle que soit la forme par laquelle il s'exprime, ce sentiment de relation avec quelque chose de plus grand fait apparaître toute préoccupation sur la corpulence comme mineure et sans signification.

Au fur et à mesure que la femme grosse devient à l'aise avec sa corpulence, ce sentiment intime de lien prend une forme d'affirmation publique de son état. Je veux dire par là qu'elle devient capable de parler librement de sa corpulence en public, sans honte et d'une manière qui — je l'espère — peut éduquer les autres.

Voici quelques exemples de la manière de s'afficher comme une femme grosse qui n'a pas honte de sa corpulence: manger ce que l'on veut au moment où on le souhaite, même en public; faire savoir aux autres que l'on n'apprécie pas les plaisanteries à propos des personnes grosses; commander un dessert au restaurant; refuser de parler de régime alimentaire lorsque tout le monde le fait; demander un fauteuil plus grand ou sans accoudoir lors d'une réunion familiale ou publique; demander une autre table dans un restaurant et ne pas s'efforcer d'entrer dans un espace trop restreint

parce que l'on a été placé là; aller sur une plage ou dans une piscine publique et en faire le tour en maillot de bain; en avion,
demander à son voisin de siège de relever l'accoudoir central pour
avoir plus de place et de confort; porter un short en été et, enfin,
expliquer à la petite fille rencontrée dans le centre commercial que
vous êtes grosse, que c'est Dieu qui vous a fait ainsi et qu'il l'a faite
mince. Avez-vous compris l'idée?

Lorque ce genre de gestes vous sera devenu naturel, vous
pourrez, si vous le voulez bien, mettre en œuvre d'autres niveaux
d'esprit comme, par exemple, servir de modèle ou de guide pour
celles qui veulent s'accepter telles qu'elles sont. De nombreuses
femmes grosses deviennent discrètement des modèles pour
d'autres en ne faisant que vivre pleinement leur vie d'une manière
qui n'est pas directement reliée à l'acceptation de leur corpulence.
Vivre la vie qu'elles désirent dans le corps qu'elles possèdent les
autorise à influencer autrui. Que le fait d'être un modèle soit inten-
tionnel ou non, ce mode de vie les projette dans quelque chose de
plus grand qu'elles.

Julie: Après avoir donné mes cours sur l'acquisition d'une
image de soi positive, toutes sortes de femmes m'appro-
chent et je suis particulièrement heureuse lorsqu'une
femme grosse vient me parler. Elle est un peu comme une
âme sœur: «Je sais ce que vous ressentez», «Je suis là pour
vous» ou «Il existe d'autres moyens». Je suis heureuse
d'être capable de faire ce genre de différence.

Diane: Être un modèle? Je crois que ça m'est arrivé souvent dans
ma vie de conférencière et d'enseignante. Les gens cons-
tatent que je m'accepte et ils admirent cette attitude.

Un grand nombre de femmes auxquelles j'ai parlé occupent
des rôles de «meneuses» dans le mouvement de l'acceptation de
leur corpulence. Elles font des activités comme organiser des
cours d'aérobique pour les femmes grosses, faire partie de groupes
comme la NAAFA, donner des cours et organiser des ateliers sur
l'acceptation de sa corpulence ou travailler dans la confection de

vêtements de grande taille. Pat Lyons, coauteur de *Great Shape: The First Fitness Guide for Large Women,* prend ce rôle au sérieux dans le mouvement d'acceptation de sa corpulence lorsqu'elle parle d'elle-même comme d'une «femme grosse de profession». Toutes ses actions — et un grand nombre d'autres que je n'ai pas citées ici — transforment le stigmate original de la femme grosse en quelque chose de valable et de significatif pour les femmes corpulentes et la société. Ces actions entraînent des changements sur la personne qui les effectue, sur son entourage et sur son environnement.

Christine: La société ne changera que lorsque nous commencerons à dire que nous méritons un meilleur traitement. En commençant une classe d'exercice, nous prenons une position publique qui proclame que nous méritons aussi de bonnes choses. C'est aussi un élément de changement qui nous donne notre place.

Agir comme une meneuse va à l'encontre de l'opinion de la société et nous permet donc une nouvelle fois de défier les stéréotypes sur les personnes grosses. Après tout, la société croit que l'obésité est contrôlable et que toutes les personnes grosses exhibent publiquement une nature imparfaite. Mais ce n'est pas vrai! Les femmes grosses qui s'acceptent et se sont fait publiquement connaître comme des meneuses parlent et agissent comme si elles avaient le droit d'être entendues. Cela envoie un message clair au reste du monde: vous ne pouvez plus me donner honte de moi!

Être une meneuse ou un modèle dans l'acceptation de sa corpulence nous emmène dans une sphère qui nous permet de voir une image plus complète de l'image que nous sommes et de ce que nous avons à apporter à la société. Cela nous aide à définir notre raison d'être, qui est constituée d'un ensemble de valeurs et de conceptions lui donnant une signification. Cette raison d'être est une notion de direction de sa propre énergie vers des objectifs importants pour soi qui rendent la vie plus pleine, plus riche et plus valable.

103

Une femme grosse qui met son esprit en action se dit ceci: «Je suis une femme grosse par l'esprit et le corps. Comme j'ai été honteuse et blessée à cause de ma corpulence, je sais ce que veut dire être considérée comme différente. Je suis une bonne personne qui n'a jamais fait de mal à autrui et je ne désire pas que l'on m'en fasse, tout comme les autres femmes corpulentes. Je refuse de porter la honte que le monde jette sur moi et sur mes semblables. Je souhaite vivre pleinement ma vie en faisant ce que je peux pour prendre soin de moi et des autres.» Ce genre d'attitude possède une bonne assise spirituelle et propulse une femme dans l'exécution de quelque chose de plus grand qu'elle qui finit par nourrir son âme.

Faire un régime alimentaire et haïr son corps, au contraire, utilise cette énergie et la transforme en obsession narcissique de possession d'un corps parfait. Demandez à n'importe quelle femme qui est passée par là et elle vous dira qu'il y avait peu de place pour autre chose dans sa vie. Même si elle réalisait un travail ou un objectif personnel, il était souvent teinté de la sensation permanente de ne pas être assez bonne à cause de son corps. Ou pire, que son accomplissement personnel passait après son objectif principal de perdre du poids.

Le rôle du soutien

Comment une femme peut-elle acquérir cette acceptation d'elle-même et de sa corpulence, capable de la propulser dans quelque chose de plus grand qu'elle et de mettre son esprit en action et en relation? Il n'existe qu'une seule réponse: le *soutien*! Je n'accorderai jamais assez d'importance au soutien dans ce processus. Toutes les femmes avec lesquelles j'ai parlé d'acceptation de corpulence ont eu du soutien pour modifier leur conception de leur corps.

Un grand nombre d'études confirment l'importance du soutien pour les gens qui traversent une phase transitoire de leur vie. Par exemple, l'une d'elles montrait que l'isolement — qui est l'opposé du soutien — peut conduire à la maladie puisque le développement d'une relation avec les autres (soutien) peut améliorer la santé. Le préjugé social appliqué aux personnes grosses crée un isolement qui peut devenir une source de stress. Ceux qui éprouvent le stress de l'isolement courent de plus grands risques de présenter des troubles physiques et psychologiques. Ainsi, recevoir du soutien de personnes grosses et servir à son tour de soutien pour d'autres permet de développer une relation, chassant ainsi les sentiments d'isolement et le stress qui les accompagnent. Cela peut à son tour donner plus d'énergie utilisable à l'implication dans une chose plus grande que soi-même.

Le rôle du soutien change souvent pendant que nous traversons le processus de construction de l'estime de soi. Ce qui est crucial, c'est de recevoir du soutien pour qui l'on est dans le corps que l'on possède. Cela entraîne une concentration sur ce que l'on peut faire et faisons sans égard pour notre corpulence. Cela signifie aussi se concentrer sur le fait d'être parfait dans un corps volumineux. Ce soutien peut se présenter de différentes manières: relations amicales, livres et recherches sur l'obésité et l'image du corps, industrie du vêtement de grande taille, NAAFA ou d'autres groupes de personnes acceptant leur corpulence, féminisme ou spiritualité individuelle.

Anne: Quand j'étais jeune fille, je me sentais très «nourrie». Ma grand-mère avait l'habitude de me dire: «Oh, que tu as une bonne chair!» Elle était merveilleuse.

Louise: Si vous demandez à mes enfants s'ils auraient préféré avoir une mère grosse ou une mère mince, ils répondront: «Une mère grosse!» Ils me disent qu'ils aiment mes genoux confortables et câlins.

Diane: Mon acceptation de moi-même comme femme grosse a commencé lorsque je me suis associée à des féministes. C'était très énergisant de ne pas éprouver de discrimination à cause de ma grosseur.

Christine: La lecture de *Radiance* et de *BBW* m'a soutenue en renforçant l'idée qu'il était possible d'être grosse et belle.

Par la suite, lorsque nous avons une meilleure estime de notre corpulence et de nous-mêmes, la recherche de soutien se transforme en offre de soutien aux autres. Cela se produit parce que nous nous considérons, consciemment ou inconsciemment, comme des modèles pour autrui.

Michèle: Selon moi, il est absolument nécessaire d'avoir du soutien. Travailler avec d'autres femmes obèses a été une expérience très positive en ceci que nous nous servions mutuellement de modèles.

Une des récompenses que procure le fait de servir de soutien aux autres est la manière dont cette attitude agit progressivement pour modifier celle de la société vis-à-vis des personnes grosses. Ce changement d'attitude vient à son tour nous soutenir nous-mêmes. Par exemple, je dis souvent à mes élèves que je donne un cours d'estime de soi pour aider les femmes grosses à se forger une attitude plus saine à propos d'elles-mêmes, mais aussi pour m'aider, car chaque personne convertie par mes soins à l'acceptation de sa corpulence me facilite la vie. J'ai une personne de moins à convaincre que ma valeur ne dépend pas du volume de mon corps.

Un autre exemple est mon histoire du début de ce chapitre. Le fait de recevoir une récompense pour mon travail auprès des femmes, surtout dans le domaine de l'image du corps, m'a donné l'opportunité d'afficher publiquement que j'étais une femme grosse qui vit sa vie. Ce genre d'événement dans la vie d'une femme obèse envoie un puissant message à tous les observateurs: il soutient d'autres femmes grosses à vivre dans le corps qu'elles possèdent; il montre aux femmes qui «se sentent grosses» qu'être mince n'est pas tout et il apprend aux autres que les personnes grosses ne correspondent pas aux stéréotypes. Marcia Hutchinson appelle ce processus «l'ondulation sur l'eau qui devient une vague avant d'être une marée que personne ne peut ignorer».

J'espère que vous vous sentirez inspirée pour faire plusieurs choses. Premièrement, voir comment votre corpulence s'ajuste à votre définition personnelle de la spiritualité. Autrement dit, comment vous pouvez vous mettre en contact avec vous-même et avec votre «esprit», de manière positive, affirmative et aimante. Comment vous pouvez être en relation avec les autres en exprimant votre esprit. Puis attendez et vérifiez que votre esprit vous mette en action, vous encourage à vous impliquer dans le monde d'une manière qui soit plus grande que votre souci personnel à propos de votre corpulence. Puis faites-le! Et cherchez du soutien pour qui vous êtes vraiment. Après tout, vous possédez un corps mais vous êtes plus que ce corps. Exprimez ce «plus» et percevez la manière dont votre esprit en action transforme comme par magie votre vie en quelque chose de plus grand que vous-même.

ACTIVITÉS SUGGÉRÉES POUR DÉVELOPPER
VOTRE ESPRIT EN ACTION

Idées pratiques

1. Développez votre réseau de soutien. Vous pouvez y parvenir de plusieurs manières. Lisez les magazines *Radiance* et *BBW* ainsi que d'autres livres et articles de presse dont le point de vue est orienté vers l'acceptation de sa corpulence. Discutez avec une amie ou une parente en qui vous avez confiance et demandez-lui de vous soutenir dans votre nouvelle démarche. Trouvez un groupe de femmes, rencontrez-le régulièrement et échangez vos expériences. Prenez un cours sur l'estime de sa corpulence ou faites une retraite pour femmes corpulentes. Adhérez à la NAAFA. Allez vous acheter des vêtements avec une amie aussi grosse que vous.

2. Devenez active dans des domaines de la vie qui ne tournent pas autour de la corpulence, de la nourriture ou de l'obsession des régimes, en faisant, par exemple, du bénévolat dans votre communauté ou pour votre église.

3. Suivez une classe d'exercice physique qui privilégie l'acceptation de la corpulence et une approche sans régime pour la femme grosse. S'il n'en existe pas dans votre communauté, allez dans un YMCA ou un centre communautaire de votre quartier et essayez de vous impliquer dans l'organisation d'une telle classe.

4. Trouvez une manière de jouir de votre créativité. Cela peut vouloir dire de dépoussiérer la boîte de gouache ou de peinture qui est enfermée dans un placard depuis des années. Ou d'essayer le matériel d'art que vous avez toujours souhaité utiliser. Vous pouvez aussi changer votre statut de cuisinière familiale pour celui de chef cuisinier. Écrivez la nouvelle ou le poème que vous reportez toujours. Chantez sous la douche ou dansez sur votre musique préférée. Jardinez ou aménagez-vous un endroit particulier dans lequel vous pourrez méditer, lire ou simplement être tranquille. Toutes les fois que votre créativité désire s'exprimer, faites-lui de la place et trouvez du temps pour développer votre «bosse de la créativité».

5. Faites une liste des moyens par lesquels vous pouvez afficher publiquement le fait d'être une personne grosse. Est-ce avec des amies, des membres de votre famille, votre médecin ou votre thérapeute? Est-ce en demandant à une amie plus mince de vous accompagner dans une boutique pour tailles fortes sans avoir l'impression que vous lui demandez une faveur? Vous pouvez afficher publiquement le fait d'être corpulente en faisant savoir autour de vous que vous ne pensez plus que les régimes soient bons pour vous et en ne participant plus à des discussions à leur sujet. Donnez des priorités à vos choix en mettant l'activité la moins risquée en tête de liste. Faites-la lorsque vous vous sentirez prête. Épuisez progressivement votre liste.

6. Allez marcher ou faire une randonnée à bicyclette dans la nature. Remarquez la diversité de l'aspect des plantes et de leur manière de pousser. Imaginez que cet endroit est de couleur uniforme ou rempli de fleurs ou de pierres identiques. Prenez un moment et appréciez les différences entre chaque chose et la manière dont la beauté de l'une ne dérange jamais celle des autres mais la complète.

Journal intime orienté sur les sujets suivants

1. Réfléchissez à votre définition personnelle de l'«esprit» ou de la «spiritualité». Les définissez-vous comme étant des dieux? Des déesses? Ou une religion? Est-ce votre esprit créateur ou votre intuition? Qu'est-ce que l'esprit pour vous? Écrivez ce que vous pensez à ce sujet.

2. Essayez maintenant de relier votre sens de l'esprit ou de la spiritualité à votre manière personnelle de ressentir la vie dans un corps plantureux. Qu'est-ce qui vous vient à l'esprit à propos de ce lien?

3. Réfléchissez à l'affirmation «J'ai un corps, mais je suis plus que ce corps». Qu'est-ce que cela signifie pour vous?

4. Pensez aux moments de votre vie au cours desquels vous vous êtes affichée publiquement comme une femme grosse. Écrivez ce que vous avez alors ressenti. Si vous deviez le refaire aujourd'hui, en quoi seraient-ils différents puisque vous êtes différente?

5. Écrivez à propos du soutien dont vous avez besoin dans le processus de construction de l'estime de votre corpulence. Qui peut vous aider? Comment ces personnes peuvent-elles vous aider? Pourquoi est-ce important pour elles de vous aider à le faire?

6. Avez-vous jamais été honorée pour une de vos réalisations? Avez-vous gagné une récompense? Ou reçu une forme quelconque de reconnaissance? Écrivez à ce propos en ajoutant vos sentiments sincères. Sentez-vous que vous l'avez mérité? Les sentiments que vous avez ressentis jouaient-ils un rôle dans le sentiment de valeur que vous ressentiez après cette récompense?

7. Pensez aux occasions où vous avez reçu quelque chose en récompense de vos actes. Comment vous sentiez-vous? Avez-vous passé du temps à penser à votre corpulence?

8. Réfléchissez aux occasions où vous ne pensiez pas à votre corps en faisant une activité quelconque. Que faisiez-vous? Essayez de vous souvenir ce que représentait le fait d'être perdue dans une activité dans laquelle vous étiez libre de toute pensée obsessionnelle à propos de votre corpulence. Imaginez ce que cela représenterait de vous sentir toujours ainsi.

TROISIÈME PARTIE

Un guide pour une vie saine

Chapitre 6

La spirale de l'acceptation

Les lumières sont chaudes et aveuglantes. Je me demande ce que je fais là, sur cette scène, devant ce public. Je me sens angoissée. J'ai la bouche sèche, mon cœur bat à toute vitesse et j'essaie de me rappeler de respirer. Je regarde autour de moi pour entrer en contact avec les visages dans le public. Certains me regardent et me sourient. Je leur rends leur sourire. Ces sourires me rassurent un peu et m'aident à me relier à ce qui va se passer.

Mon trac de paraître sur une chaîne nationale de télévision dans un débat avec un médecin atteint de phobie de la graisse disparaît progressivement alors que la colère me gagne. J'essaie de défendre le droit de deux petites filles à rester dans leur famille même si elles sont grosses. Le médecin continue de lancer des stéréotypes sur l'obésité, y compris un dont je n'avais jamais entendu parler, celui d'être privé du plaisir de la vie sexuelle, comme si cet argument pouvait s'appliquer à des fillettes de six et dix ans! Je me sens en contact avec mon moi de cinq ans, celui de la petite fille envoyée loin de son foyer parce qu'elle était grosse. «Ne laisse pas cette horreur se reproduire!» me souffle-t-il à l'oreille. Aussi, avec son aide et mon statut d'expert, je me sens assez courageuse pour parler de recherches qui contredisent nettement les propos du médecin. De toute évidence, il n'est pas préparé à discuter avec quelqu'un qui possède des renseignements comme les miens et il cesse de citer ces stéréotypes sur la graisse et commence à m'attaquer personnellement: «Vous êtes obèse, dit-il. La seule chose que nous puissions espérer est que cela ne vous tue pas sur ce plateau!»

Il lâche cette bombe dans un ultime effort pour me discréditer. Il ne tient pas compte du fait que mes recherches sont plus poussées que les siennes et qu'il ne peut pas soutenir ce qu'il condamne chez moi. Il réduit notre débat intellectuel à une vile attaque basée sur la grosseur de mon corps. Étant grosse, je suis une bonne proie pour lui, tout comme les deux fillettes qu'il essaie de retirer de leur famille pour la même raison.

J'entends ce qu'il dit mais il me faut un certain temps pour saisir ce qu'il veut vraiment dire. Je vérifie mon moi de cinq ans. Il est un peu chancelant, mais il n'est pas abattu. Étant ce que je suis, je profite de l'occasion et je chasse ce qu'il vient de dire comme s'il s'agissait d'un moustique. Je ne me choque pas, je ne grimace pas et, c'est le plus important, je ne souffre pas. Je pense qu'il agit de façon ridicule et je sais qu'il est en train de perdre sa crédibilité à la télévision. Son insulte me fait sentir plus forte parce que je me rends compte que j'ai gagné le débat et que malgré sa minceur, mon adversaire est ridicule alors que, même grosse, j'ai l'air intelligente.

———

Je raconte cette histoire au début du chapitre que j'ai nommé «La spirale de l'acceptation» parce qu'elle illustre une qualité importante de l'acceptation de sa corpulence: il s'agit d'un processus. Être adulte sur un plateau de télévision et parler d'un acte qui m'a profondément marquée dans mon enfance me permet d'intégrer deux parties de moi qui combinent l'expérience avec la sagesse et l'intellect avec les sentiments. Je n'aurais pas pu le faire plus tôt dans mon processus d'acceptation de moi et de ma corpulence.

J'aurais pu exposer mes travaux de recherche, mais je n'aurais jamais pu m'en sortir indemne avec ce commentaire qui voulait essentiellement dire «Tu es vaincue, ma grosse!» À une autre période de ce processus, j'aurais probablement éprouvé beaucoup de honte à ce commentaire. Exactement comme si j'avais été ridiculisée devant une classe de troisième année par un enfant disant: «La grosse, la grosse, la grosse...» Mais pas aujourd'hui. Aujourd'hui, lorsque quelqu'un essaie de me faire éprouver de la honte, je me fâche. Ce qui fait la différence, c'est ce processus que j'ai poursuivi, en tant que femme corpulente, pendant des années.

Qu'est-ce que le mot *processus* signifie? Le dictionnaire le définit comme «un ensemble de phénomènes, conçu comme actif et organisé dans le temps; une suite ordonnée d'opérations aboutissant à un résultat». Avec cette définition comme base, il est possible d'expliquer le processus d'acceptation de sa corpulence comme un mouvement continu dans le temps qui a pour résultat de s'accepter et de prendre soin de soi dans le corps que l'on possède. Les mots-clés sont alors «mouvement continu dans le temps». Je l'ai déjà dit et je le répète, cette démarche demande du temps.

Mais comment savoir que nous acceptons simplement notre corps comme il est? Est-ce qu'accepter son corps signifie que nous ne pourrons jamais le changer — ou nous changer — d'une manière quelconque? La réponse varie selon les valeurs que nous attribuons au temps, à l'argent, aux normes de l'apparence, aux considérations sur la santé, aux objectifs de vie, au contexte familial et à l'énergie dont nous disposons.

En d'autres mots, l'acceptation de sa corpulence est et doit être une décision personnelle. Si quelqu'un définit de manière trop absolue une femme acceptant sa corpulence, sauvez-vous en courant! C'est tout aussi mauvais que lorsque l'industrie des régimes dit aux femmes à quoi devrait ressembler leur corps. Les deux nient leurs choix personnels et leur responsabilité pour leur corps, pour son apparence, pour sa santé et pour sa relation avec elles-mêmes. Vous souvenez-vous des vérités du corps? Son volume et la manière dont nous l'acceptons et prenons soin de lui sont deux d'entre elles.

Ma définition personnelle et définitive de l'acceptation de ma corpulence s'exprime par le fait que je ne fais pas de régime. Je crois qu'en en faisant un, je n'accepte pas mon corps tel qu'il est. Faire un régime semble être une manière désynchronisée de se relier à son corps, de le nier, de le contrôler et d'en abuser, n'est-ce pas une démonstration suffisante de mon opposition aux régimes? C'est la principale raison pour laquelle, dans mon étude entreprise pour ma thèse de doctorat, je n'ai interrogé que des femmes ne faisant pas de régime.

Pour les fins de cette étude, en plus d'un mode de vie exempt de régime, il me fallait définir d'autres critères d'acceptation de sa corpulence. J'ai décidé que les femmes à interroger devaient avoir au moins 30 ans parce que je pensais qu'elles seraient plus enclines à s'accepter en vieillissant. Elles devaient aussi avoir un «excès de poids modéré à considérable» — selon les termes de quelqu'un d'autre —, ce qui est défini par un dépassement d'au moins 40 p. 100 du poids idéal des tableaux taille/poids. J'ai choisi cette fourchette parce que je voulais parler à des femmes véritablement grosses selon les normes de la société. Ce sont celles qui doivent affronter les stigmates sociaux tous les jours. Et si elles avaient trouvé un moyen de s'accepter et de vivre en étant corpulentes, toutes les autres femmes le pouvaient aussi. Enfin, les femmes interrogées devaient accepter leur corpulence et croire que cela conduisait à une vie pleine de sens et bien adaptée.

Le genre d'étude que j'ai effectuée s'appelle une «étude phénoménologique». Cette approche n'utilise pas un grand nombre de mesures quantitatives pour définir la réalité. Par exemple, je n'ai pas testé ces femmes pour mesurer si elles acceptaient leur corpulence; je me fie sur ce qu'elles disent. Dans ce type d'étude, la réalité — ou le phénomène — est définie par les sujets eux-mêmes telle que rapportée au chercheur. Il est important de le préciser parce que le processus d'acceptation dont il est question dans le présent chapitre provient directement de l'expérience de ces femmes corpulentes et non pas d'une interprétation que des professionnels — étrangers au monde des personnes grosses — auraient pu en faire. Et, me considérant moi-même comme une femme grosse acceptant sa corpulence qui a vécu, souffert, étudié et ressenti les joies d'être corpulente, je fais aussi partie du groupe. Cela me donne une perspective valable à partir de laquelle je peux interpréter ces expériences.

Vos propres expériences d'acceptation du volume de votre corps peuvent différer de celles décrites ici. La spirale d'acceptation que j'examine dans ce chapitre est destinée à vous guider à travers les territoires de l'acceptation de votre corpulence et de vous-même et n'est pas une conception définitive de ce processus. Utilisez-la comme un outil, conservez ce qui vous convient et rejetez le reste. Vous n'avez pas besoin d'un autre expert pour vous dire comment vivre; vous êtes cet expert.

En faisant des entrevues avec des femmes qui acceptent leur corpulence, j'ai été mise au défi d'aller plus loin dans la définition et dans la compréhension du véritable sens de l'acceptation. Par exemple, toutes les femmes de mon étude disaient accepter leur poids et leur corpulence, mais certaines paraissaient mieux le faire que d'autres. Afin de comprendre davantage, j'ai commencé à les placer sur une «échelle de l'acceptation». Sans juger qu'une position de cette échelle était supérieure à une autre — toutes les femmes se trouvaient dans le territoire de l'acceptation d'elles-mêmes —, j'ai pu clarifier certaines attitudes et certains comportements susceptibles de changer pendant la traversée de ce processus complexe.

Un autre de mes défis a été d'essayer de l'illustrer. Ces histoires d'acceptation de femmes ne se développaient pas de manière linéaire et j'ai donc pu en conclure qu'il existait plusieurs stades. Au lieu de cette linéarité, ces histoires avaient une qualité fluide, un mouvement circulaire, allant d'un côté à l'autre, ne régressant jamais mais revisitant parfois de vieux comportements avant de se transformer ou de les abandonner complètement. Ce mouvement me rappelait une spirale, progressant en cercles, débordant vers le haut et s'enfonçant vers le bas. Parfois, il pouvait néanmoins nous sembler que nous allions à un endroit que nous connaissions déjà, mais ce n'était pas vraiment le cas. Et d'autres fois, nous pouvions nous sentir comme si nous tournions en rond, mais sans le faire. Nous étions juste en train de nous regarder et de regarder notre processus d'un autre point de vue: de plus haut ou de plus bas. Souvent — et aussi contradictoire que cela puisse paraître —, le haut et le bas sont semblables: en descendant, en plongeant dans notre processus d'acceptation de notre corpulence, un aspect significatif remonte souvent à la surface. Se déplacer dans la spirale constitue une occasion de découverte qui commence habituellement sans objectif ni but précis, comme s'il s'agissait d'un voyage à la destination inconnue. Comme une femme l'a dit, «Je ne me sens pas maîtresse de l'endroit où je vais me retrouver».

Il n'est pas étonnant que cette femme ne sache pas où elle allait se retrouver. Personne ne le sait vraiment. Pour la majorité d'entre nous, nous découvrons notre destination en cours de route, et n'importe quel endroit de l'échelle est supérieur à l'endroit où notre corps nous obsédait. Il existe peu de modèles pour nous montrer le chemin: des femmes grosses ayant réussi dans le domaine public et ne s'excusant pas de leur corps ou n'en ressentant pas de honte. Aussi, nous avons utilisé notre intuition, nos expériences personnelles et du soutien pour faire notre chemin.

Quels sont ces comportements et ces attitudes qui changent et nous transforment lors de notre progression dans la spirale de l'acceptation? Mes entrevues m'ont permis de trouver six indicateurs. Le premier est notre manière de manger: nourriture compulsive et régimes alimentaires. Le deuxième est notre image du corps, aussi bien créatrice que transfigurée. Le troisième est de vivre dans le présent plutôt que dans le passé ou l'avenir. Le quatrième est d'avoir un mode de vie déterminé de l'intérieur. Le cinquième est constitué par le soutien et le sixième, par l'implication dans quelque chose de plus grand que soi. L'un de ces indicateurs vous rappelle-t-il quelque chose? Il s'agit en effet de sujets étudiés plus tôt dans ce livre.

Si ces attitudes et ces comportements changent lors de la progression dans le processus d'acceptation, quels sont donc les indicateurs qui permettent de le baliser? Je les ai situés sur la spirale de l'acceptation et je leur ai donné un nom selon leur position: préacceptation, début d'acceptation, acceptation intermédiaire et acceptation définitive. (Comme vous pouvez le constater, le vocabulaire est plus riche pour décrire un processus linéaire que pour un processus en spirale. Considérez-les simplement comme des panneaux indicateurs, des empreintes de pas, des points sur une carte ou des miettes de pain semées le long du chemin.)

Examinons mieux chacune de ces balises pour voir ce que nous pouvons apprendre sur ce processus et en quoi il nous concerne personnellement.

Préacceptation

La préacceptation est la période pendant laquelle une femme se sent ambivalente et passive devant le fait d'être grosse. Elle peut abandonner complètement tout ce qui concerne sa corpulence et son poids, ce qui est une attitude différente de la position d'abandon dont nous avons parlé plus tôt. Cette femme ne fait pas de régime, mais elle pense certainement en faire à nouveau pendant sa vie.

Carla: Je serais enchantée de peser 68 kg (150 lb), mais je ne ferai rien pour y parvenir. Cela demande trop d'énergie. Cependant je pense que j'aurais plus d'énergie si je maigrissais.

La préacceptation indique habituellement un manque de familiarité avec le courant de recherches supportant l'attitude qu'être grosse «peut être associée au bonheur, à la forme physique et à la santé». La femme qui se trouve à cet endroit de la spirale n'aime pas l'idée d'être grosse. Elle n'aime pas tellement non plus les autres personnes grosses parce qu'elle croit à certains stéréotypes. Il lui manque un système de soutien et, à cause de cela, elle pourrait être persuadée de faire un autre régime. Ou elle peut se diriger vers le début d'acceptation.

Début d'acceptation

Le début d'acceptation est la première circonstance où une femme corpulente démontre une acceptation de sa corpulence et une reddition des vérités de son corps: «Je suis une femme corpulente et, compte tenu de mon passé de régimes alimentaires, je le resterai probablement toujours. Et alors?» Cette femme ne considère plus les régimes comme une option viable mais, puisqu'elle en a fait beaucoup, il est probable et compréhensible qu'elle ait encore certaines préoccupations sur la nourriture et l'alimentation. Elle débute un processus d'apprentissage à se faire confiance sur la nourriture en n'essayant pas de contrôler son alimentation par un régime. Elle cesse aussi de se peser et d'utiliser le pèse-personne comme un moyen de mesurer sa valeur personnelle.

Hélène: Lorsque j'ai pris la décision de ne plus jamais faire de régime, j'ai jeté mon pèse-personne. Ç'a été difficile. Maintenant, je sais que je peux m'accepter à ce poids pour le reste de ma vie et que cela ne me dérangera pas. Mais je ne peux pas accepter d'être toujours une mangeuse compulsive.

L'image créatrice du corps fait partie du début d'acceptation, c'est-à-dire lorsqu'une femme se considère plus mince que son image dans le miroir ou en photographie. Le fait d'avoir une image créatrice du corps a un effet positif sur sa vie parce que cela lui permet d'extérioriser cette idée d'elle-même sans s'encombrer du stigmate de l'obésité.

À cause de son image créatrice du corps, une femme qui commence à accepter sa corpulence peut vivre plus pleinement dans le présent au lieu d'attendre jusqu'au moment où elle sera plus mince. Puisque les régimes et la perte de poids ne sont plus des options, elle commence à faire des choses qu'elle attendait de faire après avoir perdu du poids. Elle commence ainsi à accumuler des preuves qu'elle peut vivre la vie qu'elle souhaite dans le corps qu'elle possède, immédiatement et avec sa corpulence actuelle.

Christine: La première fois que quelqu'un m'a demandé ce que je ferais de ma vie si je ne maigrissais pas, j'ai pensé: «Existe-t-il une autre vie que d'être au régime?» Je me suis donc assise et j'ai fait la liste de ce qui me rendrait heureuse et de ce que je voulais dans la vie. Je me suis rendu compte que la minceur ne m'apporterait aucune d'elles et que j'en possédais déjà un grand nombre.

Ne pas faire de régime, jeter son pèse-personne, avoir une image créatrice de son corps et vivre dans le présent aident à édifier une base solide pour passer de ce que la société pense qu'une personne grosse devrait être à ce que cette personne veut vraiment être, sans considération pour son poids. Cela renforce son mode de vie déterminé de l'intérieur parce qu'elle écoute sa voix intérieure plutôt que la voix collective de la société.

Sarah: Lorsque j'avais la trentaine, mon poids et les régimes avaient beaucoup d'importance pour moi. Durant les dix dernières années, je me suis progressivement réapproprié mon importance et je n'ai pas laissé le poids devenir ma préoccupation principale.

Dans le début d'acceptation — ainsi qu'à d'autres étapes de la spirale —, le soutien devient la clé de la poursuite du processus. Faire des recherches sur l'échec du régime, lire de la documentation positive à propos de la graisse, faire connaître sa décision d'accepter sa corpulence et s'appuyer sur ses amis et ses parents pour obtenir une réaction positive sur ce qu'elle est — outre une personne grosse — sont tous des éléments composant son réseau de soutien.

Acceptation intermédiaire

La position intermédiaire sur la spirale est caractérisée par sa place entre le début d'acceptation et l'acceptation définitive. À ce stade, l'acceptation est amplifiée par une activité plus tournée vers l'extérieur. Les régimes et les balances n'ont plus de raison d'être. Il n'existe plus aucune préoccupation provenant de l'habitude de faire des régimes ni de comportement alimentaire compulsif. Une femme tend plutôt ici à une alimentation saine: la manière dont elle mange et fait de l'exercice est maintenant perçue comme une modification de son style de vie pour améliorer sa santé et non pas comme un moyen de perdre du poids. Cela l'aide à se sentir plus en contrôle de cette partie de sa vie qu'elle ne maîtrisait pas auparavant.

Sarah: Mes préoccupations de santé soulignent le fait que ce dont j'ai l'air ou ce que je pèse n'ont plus vraiment d'importance. Ce qui en a vraiment, c'est la manière dont toutes les parties de mon corps fonctionnent et le fait qu'il est un merveilleux allié.

L'image créatrice du corps a toujours une signification au stade de l'acceptation partielle parce qu'une femme continue à se considérer comme plus mince qu'elle ne l'est, mais toujours plus grosse que la société ne le trouve acceptable. Par exemple, elle peut être de taille «très grande» (24 ans) et se considérer de taille «grande» (18 ans), ce qui est encore important dans une société qui préfère des femmes de taille «petite» (6 ans) ou «moyenne» (8 ans). Elle s'accorde maintenant une perception de l'image de son corps plus proche de sa corpulence véritable.

Sarah: Je ne me vois pas pesant 112 kg (250 lb). Je me vois plus près de 81 kg (180 lb).

Vivre une plus grande partie de sa vie dans le présent lui a permis d'accumuler plus de preuves de sa valeur. Son attitude est «Je n'ai pas à attendre de mincir pour faire les choses que je souhaite faire dans ma vie». Cela lui permet de mieux s'affirmer dans son corps vis-à-vis de la société.

Annie: J'ai dit à mon petit ami «Tu dois m'accepter comme je suis maintenant, avec ce poids, ou c'est terminé entre nous!» Je ne laisse pas cela devenir une préoccupation parce que, auparavant, c'en était une.

Le milieu de la spirale est l'endroit où elle est plus en accord avec elle-même parce qu'elle écoute sa voix intérieure, ce qui entraîne un mode de vie plus déterminé de l'intérieur. La confiance dans la vérité de son corps augmente et elle accumule plus de preuves de sa propre valeur. Son réseau de soutien l'aide considérablement. Finalement, elle s'implique dans quelque chose de plus grand qu'elle — qu'elle le veuille ou non — parce qu'elle est un modèle visible pour d'autres femmes corpulentes. Parce qu'elle vit sans faire de régime — parce qu'*elle a maintenant une vie* —, les autres le remarquent.

Michèle: Ce qui s'est passé, c'est que j'avais l'expérience pratique d'être dans mon corps, d'être là. Faire de la danse professionnelle, réussir d'une manière ou d'une autre me facilitait l'exécution des autres choses que je voulais faire dans ma vie.

Acceptation définitive

L'acceptation définitive est la partie finale de la spirale. Elle est caractérisée par une action explicite reliée à l'estime de sa corpulence. «Être définitif» signifie qu'une femme a pris le pouvoir de déterminer ce que sa corpulence signifiait pour elle, en dépit de ce qu'en pense la société. Elle affiche publiquement sa décision d'accepter ce qui est inacceptable pour le reste de la société: son corps imposant, charnu, gras et qui prend beaucoup de place.

Diane: C'est ma graisse et je l'aime!

Elle a aussi de la détermination. Personne ne peut l'atteindre à cause de son poids parce qu'elle dit en essence: «Je suis grosse. C'est bien que je sois grosse. En étant grosse, j'ai une vie pleine et qui en vaut la peine. Si être grosse est si terrible, comment expliquez-vous alors mon attitude?» Elle a transcendé les fausses conceptions du public sur les femmes grosses par la réalité de sa vie pleinement vécue.

Christine: J'ai commencé à reconnaître que toutes autant que nous étions, sans égard pour notre corpulence, nous étions des êtres humains. Aussi lorsque nous avons élaboré la brochure de notre classe d'exercice, nous y avons ajouté nos photographies. Nous avons fait une déclaration publique, du genre: «Nous voilà! Nous sommes des êtres humains aussi et nous vous mettons au défi de dire quoi que ce soit à propos de notre poids!»

Un autre résultat notable de l'acceptation définitive est l'absence de fixation sur la nourriture ou sur le fait de manger. Les femmes que j'ai interrogées n'ont jamais prononcé les mots nourriture et manger. Cela ne les préoccupait pas, probablement à cause du fait qu'elles avaient repris contact avec leur faim à leur manière. En d'autres mots, qu'elles avaient stabilisé leur relation avec la nourriture. À ce stade, un comportement sans régime est complètement intégré dans le mode de vie d'une femme.

Dans l'acceptation définitive, la perception de l'image du corps est habituellement du type transfiguré plutôt que créatif. Une femme possédant une image d'elle-même transfigurée se voit comme elle est et interprète sa corpulence comme positive, voire désirable. Elle semble avoir intégré son sens d'elle-même et celui d'être corpulente, ce qui ne l'empêche pas de vivre. En réalité, elle considère souvent qu'être corpulente améliore sa vie à cause de la position ferme qu'elle a prise à ce sujet.

Joanne: Je suis petite, grosse, blonde, avec des yeux bleus et une peau claire. M'imaginer mince serait comme essayer de m'imaginer mesurant 1,70 m, avec des cheveux bruns, des yeux marrons et un teint mat. Ce serait quelqu'un d'autre. Ce ne serait pas moi.

Vivre dans le présent continue d'être important, tout comme de reconnaître ses réalisations passées et de travailler sur des objectifs futurs. Aucun de ces plans ne dépend de la corpulence. À partir d'une base bien établie de décision et d'action inspirée de sa voix intérieure, elle revient dans la société en s'affichant publiquement comme un modèle pour l'acceptation de sa corpulence. Cela constitue la partie publique de son implication dans quelque chose de plus grand qu'elle. En soutenant un changement d'attitude de la société, elle se soutient elle-même.

Julie: Mon choix de profession (thérapeute) a eu un impact important sur l'acceptation de ma corpulence. Cela a été une partie de ma transition parce que plus je fais ce métier et mieux je m'accepte.

Ainsi, vous avez parcouru la spirale de l'acceptation de votre corpulence, avec ses attitudes et ses comportements particuliers. Vous situez-vous à l'un de ces stades? Est-ce que la lecture des expériences d'autres femmes éveille quelque chose en vous? Ou alors vous sentez-vous confuse, disant «Oui, oui» à un certain moment et «Jamais» à un autre? Ou «Voilà où j'en suis» à la simple lecture d'un comportement ou d'une attitude qui ne vous appartient pas? Ces réponses constituent les pièges de la description d'un processus non linéaire. Votre processus dépend de votre âge, de votre niveau de développement, du temps, de votre motivation, etc. C'est ce qui en fait une approche personnelle et non pas une prescription générale pour tous ceux qui le suivent étape par étape. Ainsi, si certains de vos comportements se situent dans la partie intermédiaire et d'autres dans la partie initiale, et peut-être même avec une attitude d'acceptation définitive, alors oui, vous y êtes! *Rappelez-vous que l'endroit où vous vous situez sur la spirale n'a aucune importance. La seule chose qui compte est d'y avoir pénétré avec le désir de vivre la vie que vous voulez dans le corps que vous avez.*
Une femme avec laquelle je me suis entretenue résumait ainsi son processus d'acceptation de sa corpulence:

Michèle: J'avais l'habitude de considérer mon corps séparé de ma graisse. C'était comme si j'étais la personne dans la graisse, et que ma chair n'était pas une partie de moi. Vous connaissez le vieux cliché «il y a une personne maigre dans chaque personne grosse». Mais la vérité est qu'une personne grosse est aussi une personne. Progressivement, avec les années, j'en suis venue à avoir de la graisse par-dessus mes muscles. Cela me facilite l'acceptation de la totalité de moi. Je suis une personne entière, intégrée.

125

Comment se déplacer sur la spirale de l'acceptation

Outre ce que nous venons d'apprendre sur le processus en spirale de l'acceptation de sa corpulence, les femmes que j'ai rencontrées m'ont enseigné une autre leçon: la *manière* de s'y déplacer. En d'autres mots, les méthodes qu'elles ont utilisées pour évoluer sur la voie de l'acceptation. La plus évidente, celle dont nous avons déjà parlé, est le soutien, celui qui vient principalement de sources externes comme les livres, les amis et les thérapeutes.

En plus d'avoir un soutien externe, il existe trois autres tactiques que ces femmes utilisent comme soutien interne: le *discours intérieur positif*, le *recadrage* et le *«faire comme si»*. Examinons chacun de ces termes empruntés au vocabulaire des thérapeutes pour voir ce qu'ils nous offrent.

Le discours intérieur positif est une manière de saper les messages négatifs que nous recevons de nous-mêmes et des autres. Vous savez de quoi je veux parler: la constante petite voix critique dans votre tête qui n'arrête pas de dire combien vous êtes laide, bête, affreuse et impossible à aimer. Le discours intérieur positif remplace ces messages négatifs par des messages positifs. En théorie, plus nous nous envoyons de messages positifs, plus nous nous considérons positivement, ce qui augmente donc notre estime de nous-mêmes. Les femmes avec lesquelles je me suis entretenue employaient cette stratégie parce que quelqu'un — un thérapeute, par exemple — le leur avait suggéré, parce qu'elles avaient lu certaines choses à ce sujet ou parce qu'elles s'étaient naturellement imaginé que la voix dans leur tête faisait une grande différence dans la qualité de leur vie.

Christine: Le langage que j'emploie et la manière dont je me parle sont très importants. En autant que mon acceptation de ma corpulence est concernée, j'utilise certaines manières pour me parler à moi-même. Ç'a commencé par la petite voix de la critique qui se faisait entendre constamment. Maintenant, c'est la petite amie à l'intérieur de moi qui me permet d'avancer lorsque j'en ai besoin. C'est considérablement plus facile de vivre ainsi.

126

Le recadrage est une autre des stratégies que ces femmes utilisent, souvent comme réponse spontanée aux messages négatifs de la société. Recadrer signifie prendre une idée que nous considérons d'une manière unique et la modifier en changeant sa perception pour qu'elle soutienne nos buts. Le recadrage consiste à modifier les perceptions ou à «changer les cadres», en transformant une perception négative de la société en une perception personnelle positive.

Hélène: Lorsque vous associez l'exercice physique et la perte de poids, vous dévaluez l'exercice. L'exercice est en réalité quelque chose que vous faites pour bien vous sentir et non pas parce que vous voulez maigrir.

Sarah: Être gros dans ma famille signifie être en bonne santé et fort. Si bien que l'association avec le fait d'être gros est aussi liée avec la bonne santé et la force plutôt qu'avec la maladie et la faiblesse.

Joanne: Il existe une sensation, une oscillation de mon corps qui ressemble beaucoup à celle d'un pendule. C'est une force indépendante attribuable à ma corpulence. C'est agréable. Comme une sorte de secousse.

«Faire comme si» est une manière d'agir et de se comporter comme nous aimerions le faire si nous possédions les qualités — ou le corps — que nous souhaitons. «Faire comme si» veut dire que nous n'avons pas à être esclaves de nos émotions changeantes concernant notre physiologie. Nous pouvons nous comporter comme notre moi idéal dans notre vie de tous les jours. Cela nous donne l'expérience que nous souhaitons, mais que nous ne pensons pas mériter à cause de notre corpulence. Une fois que nous agissons comme si nous avions le droit de faire certaines choses, nous apprenons que nous pouvons véritablement les faire, ce qui nous permet d'en faire de plus en plus. Par exemple, l'image créatrice du corps est une manière de «faire comme si», j'agis comme si j'avais une taille «moyenne» (10 ans), ce qui me permet d'évoluer dans le monde comme une personne de cette taille et me donne ce qu'elle possède. Si je peux avoir ce que je souhaite en prétendant être de taille «moyenne» (10 ans), pourquoi ne pourrais-je pas avoir ce que je souhaite dans mon corps de taille «grande» (18 ans)?

Michèle: Une grande partie de moi, surtout au début, agissait comme si je pouvais être d'une certaine manière. Et plus je faisais cela, plus je réalisais que je pouvais avoir tout ce que je voulais.

Christine: Ça m'a demandé beaucoup de courage pour entrer en collant de danse dans une pièce pleine d'inconnues, pour me laisser photographier ainsi et laisser publier ma photo dans un journal. Je pense que j'ai fait une déclaration publique sur ma corpulence et mon droit de faire de l'exercice longtemps avant de me sentir ainsi. C'est comme si une partie de moi le faisait et tirait le reste avec elle.

Le discours intérieur positif, le recadrage et le «faire comme si» ont permis aux femmes avec lesquelles j'ai discuté d'évoluer constamment dans l'acceptation de leur corps en provoquant une série de changements dans leurs sentiments face à lui. Comme je l'ai déjà dit, certaines disaient ne pas avoir d'objectif précis en commençant à penser à l'acceptation de leur corpulence. Elles n'étaient pas certaines de l'endroit vers lequel elles se dirigeaient, sauf qu'il était loin de la lutte avec leur propre corps. Elles avaient tout essayé pour se conformer à la pression sociale de posséder un corps parfait, mais rien ne leur avait fourni de solution permanente. Les aptitudes à se parler à elles-mêmes positivement, à reconstruire leurs pensées et leurs perceptions, et à se comporter de manière idéale devenaient certaines des manières primordiales qu'elles avaient apprises pour parvenir à oublier la haine de leur corps et à accepter leur corpulence.

Lorsque j'ai commencé cette étude, j'étais certaine que j'allais découvrir un véritable processus par lequel les femmes parvenaient à trouver l'estime de leur corpulence. Je réalise maintenant que la

128

spirale de l'acceptation n'est qu'une manière de conceptualiser le processus. Il existe beaucoup d'autres manières parce que, comme je persiste à le dire, le sujet est très complexe. Nous pouvons, bien entendu, partager mutuellement nos expériences, mais nous devons finir par trouver notre propre manière de nous en sortir — lentement et progressivement.

Diane: Je ne considère pas que j'ai fait un cheminement vers l'acceptation de moi-même. Je dirais plutôt que je me suis acceptée à différents degrés et sur différentes dimensions pendant plus de 25 ans. Lorsque je pense à un cheminement, je pense à une route plus linéaire et à une destination finale. Comme je n'ai jamais connu ma destination, ç'a donc été davantage un processus de découverte: voyons ce qui se passe lorsque je voyage dans mon corps. Je n'ai pas décidé d'agir ainsi, mais ç'a été un merveilleux endroit où me trouver et vers lequel me diriger. Maintenant, je peux vous dire les mêmes choses qu'il y a 10 ans et c'est vrai pour les deux époques. Mais je les éprouve à un niveau beaucoup plus profond de mon être. Je sais seulement intimement que je fais confiance à mon corps.

Que pouvez-vous faire pour commencer ce processus d'acceptation ou, si vous l'avez déjà commencé, pour l'accélérer? Commencez dès maintenant en respirant profondément. Parlez de vous-même de la manière la plus positive possible. Respirez. Apprenez à considérer le monde *avec* votre corpulence, et non pas en *dépit* d'elle. Respirez. Agissez maintenant comme si vous aviez un droit sur votre vie dans le corps que vous possédez. Respirez. Soyez patiente. Vous vous apercevrez bientôt que vous vous dirigez vers votre version personnelle de la spirale de l'acceptation de vous-même et de l'estime de votre corpulence.

ACTIVITÉS SUGGÉRÉES POUR SE DÉPLACER
DANS LA SPIRALE DE L'ACCEPTATION

Idées pratiques

1. Pensez à une femme corpulente que vous admirez. Cela peut être quelqu'un que vous connaissez: un membre de votre famille ou une amie. Ou cela peut être quelqu'un de plus connu comme Carol Shaw du magazine *BBW*, les actrices Kathy Najimy, Kathy Bates, la cantatrice Marilyn Horne ou l'écrivain Clarissa Pinkola Estés. Toutes les fois que vous pensez à elle, rappelez-vous qu'il s'agit d'une femme grosse qui a fait quelque chose de sa vie en dépit de son poids. Considérez-la comme un modèle.

2. Prenez une longue feuille de papier et quelques crayons ou stylos. Tracez votre chemin de vie depuis votre naissance jusqu'au point où vous en êtes aujourd'hui et laissez de la place à la fin pour pouvoir le compléter. Notez-y les événements importants de votre vie et les décisions qui l'ont influencée. Reprenez-la depuis le début et notez-y l'histoire de votre poids: les variations du pèse-personne et vos sentiments à ce propos. Lorsque vous aurez terminé votre chemin de vie, observez-le longuement. Réfléchissez à son sujet. Voyez-vous une relation entre certains événements de votre vie et votre poids? Pouvez-vous tirer des conclusions sur votre processus personnel d'acceptation de votre corpulence à partir de ce chemin de vie?

3. Dessinez la spirale d'acceptation de vous-même telle que je l'ai décrite. Soyez créative en la visualisant et en pensant à l'endroit où vous vous situez. Marquez les endroits significatifs pour vous avec un symbole comme une étoile, un point d'exclamation, une croix ou un autre signe. Étudiez votre dessin pour comprendre en quoi vos attitudes et vos comportements sont reliés aujourd'hui à l'acceptation de votre corpulence. Revenez-y de temps à autre pour vérifier votre évolution.

4. Si vous en êtes au stade de la préacceptation sur la spirale, pensez à ce que vous pouvez faire pour vous rapprocher du début d'acceptation. C'est peut-être de ne pas vous peser tous les jours,

de ranger votre pèse-personne ou de ne pas suivre de régime. Vous pouvez commencer par lire plus de travaux sur la manière dont la graisse peut être positive ou par vous lier d'amitié avec une femme grosse. Pensez aux autres choses que vous pourriez faire et faites-en la liste. Engagez-vous à effectuer au moins l'une d'elles aujourd'hui. Consultez souvent votre liste pour voir ce que vous pouvez faire pour progresser dans votre spirale jusqu'au stade du début d'acceptation de votre corpulence.

5. Si vous en êtes au stade du début d'acceptation, pensez à ce que vous pouvez faire pour vous rapprocher de l'acceptation intermédiaire. Vous pouvez, par exemple, jeter votre pèse-personne et apprendre à manger de manière saine. Vous pouvez faire de l'exercice pour le simple plaisir et non pas dans l'intention de perdre du poids. Vous pouvez considérer l'image créatrice de votre corps comme une image qui vous aide et vous permet d'agir comme si vous aviez réellement la corpulence avec laquelle vous vous voyez. Pensez à d'autres choses que vous pourriez faire et faites-en la liste. Engagez-vous à faire au moins un élément de votre liste aujourd'hui. Consultez-la souvent pour voir quelles sont les autres actions possibles pour vous faire avancer jusqu'au stade de l'acceptation intermédiaire.

6. Si vous en êtes au stade de l'acceptation intermédiaire, pensez à ce que vous pouvez faire pour vous rapprocher de l'acceptation définitive. Cela peut être: manger sainement *et* avec plaisir parce que vous faites confiance aux vérités de votre corps sur la nourriture, vous permettre d'être plus à l'aise avec des photographies de vous-même ou vous autoriser à prendre des décisions pour votre vie et à les mettre en pratique sans égard à votre poids. Faites une liste des autres choses que vous pourriez faire et engagez-vous à effectuer au moins l'une d'elles aujourd'hui. Consultez souvent cette liste pour voir quelles sont les autres actions possibles pour vous faire avancer dans la spirale jusqu'à l'acceptation définitive.

7. Si vous en êtes au stade de l'acceptation définitive, pensez à ce que vous pouvez faire pour renforcer le processus. Vous pouvez vouloir vous considérer comme un modèle pour d'autres femmes corpulentes et commencer à les guider dans leur acceptation

d'elles-mêmes. Vous pouvez vous afficher publiquement à votre travail comme une femme acceptant sa corpulence ou diriger un mouvement à cet effet dans votre communauté. Vous pouvez écrire à propos de l'estime de la corpulence ou en parler. Engagez-vous à poursuivre et à renforcer ce processus personnel qui vous permet de vivre une vie riche et entière dans le corps que vous possédez.

8. Pratiquez le discours intérieur positif de la manière suivante: faites la liste de tout ce que vous avez fait et dont vous êtes fière. Il n'est pas indispensable qu'il s'agisse d'événements extraordinaires, mais simplement de choses qui sont un accomplissement pour vous. Cela peut être de prendre un cours d'art oratoire même si cela vous terrifie ou de faire les meilleures lasagnes du quartier alors que vous saviez tout juste faire bouillir de l'eau il y a deux ans. Vous êtes peut-être la mère de l'élève le plus actif dans votre groupe ou vous êtes peut-être retournée à l'école.

Tous les jours, ou au moins toutes les semaines, ajoutez des éléments à cette liste. Conservez-la à côté de votre lit et lisez-la aussi souvent que possible, au moins une fois par jour. Cela vous aidera à modifier vos habitudes intellectuelles pour intégrer des pensées positives à votre sujet. Lisez les éléments jusqu'à ce que vous soyez à l'aise de les entendre et que vous les connaissiez bien. Il ne s'agit pas d'un comportement égoïste, égocentrique ni vantard. Cela revient à rassembler des informations basées sur des faits et à construire votre conscience à partir de ce que vous faites correctement.

Cette liste est la preuve que vous pouvez vous mettre en valeur lorsque votre petite voix critique négative commence à vous parler. Elle vous permettra de contrecarrer ses messages négatifs avec votre petite voix positive qui répète que vous êtes active, ambitieuse, brillante, créative, pleine de talent et ... Remplacez vous-même les points de suspension.

9. Pratiquez le recadrage de la manière suivante: pensez à tous les messages que la société vous envoie à propos de votre corpulence: je dois faire de l'exercice pour perdre du poids, être grosse signifie être en mauvaise santé ou mon corps est gros et donc impossible à aimer. Ajoutez maintenant une touche personnelle et différente à vos pensées: je désire faire de l'exercice parce que c'est

132

agréable, être grosse signifie être assez forte pour éviter certains troubles de santé ou mon corps plantureux est doux, chaud, câlin et désirable. Remarquez comment la société vous a appris à vous faire une idée du fait d'être grosse et reconstruisez celle-ci d'une manière positive.

10. Pratiquez le «faire comme si» de la manière suivante: allez dans un cours d'exercice physique et agissez comme si vous aviez le droit d'y être. Enfilez un maillot de bain ou un short et agissez comme si vous étiez plus mince en allant nager ou marcher. Allez dans une réception et agissez comme si vous étiez la femme la plus attirante et parlez à des inconnus. Allez dans une boutique de lingerie pour tailles fortes, achetez un nouveau combiné, rentrez chez vous et agissez comme si vous étiez la femme la plus sexy que votre partenaire a jamais rencontrée. Avez-vous compris l'idée? Agissez comme si vous aviez le droit de mener la vie que vous désirez dans le corps que vous avez.

Journal intime orienté sur les sujets suivants

1. Quand avez-vous pour la première fois entendu l'idée que vous n'aviez pas besoin de perdre du poids pour être parfaite? Qu'avez-vous ressenti à propos de cette idée en l'entendant pour la première fois? Comment considérez-vous cette idée aujourd'hui?

2. Où vous situez-vous dans la spirale de l'acceptation? Quels sont les attitudes et les comportements que vous avez en commun avec les femmes interrogées pour la recherche? Quels sont ceux qui sont différents? Lesquels êtes-vous prête à modifier? À conserver?

3. Si vous aviez été interrogée pour ce genre d'études, qu'auriez-vous répondu à la personne qui vous interrogeait sur votre processus personnel d'acceptation de votre corpulence? Comment décririez-vous votre relation actuelle avec votre corps?

4. Que ressentez-vous à l'égard de votre étape actuelle dans le processus d'acceptation de votre corpulence? Vous y sentez-vous bien? Existe-t-il certaines choses que vous aimeriez changer?

5. Pensez à votre relation idéale avec votre corps. Que pense-riez-vous à propos de vous-même? Que ressentiriez-vous à propos de votre corps? Que feriez-vous à propos de votre vie?

6. Si vous avez effectué toutes les activités de la section «Idées pratiques» de ce chapitre, écrivez à propos de ce que vous avez res-senti en les faisant. Par exemple, qu'est-ce que cela vous fait d'avoir un récit de vos accomplissements? Qu'est-ce que cela vous fait d'utiliser le discours intérieur positif? Quelles idées culturelles négatives avez-vous positivement recadrées? Quelle a été la réac-tion de votre environnement à votre manière d'agir «comme si»? Gardez la liste des méthodes et des techniques qui ont été effi-caces dans votre processus de construction de l'estime de votre corps.

Chapitre 7

Si vous envisagez la thérapie...

Après avoir travaillé pendant six ans comme conseillère psychologique dans un collège privé, j'ai fait une demande de poste dans un établissement d'éducation publique de la région. La première entrevue a été un peu déroutante. J'étais assise devant un groupe de six personnes — des conseillers, des administrateurs et un représentant des élèves — qui me bombardaient de questions. Comme il s'agissait de ma première — et unique — entrevue de groupe, je me suis demandé ensuite ce qui s'était passé dans cette pièce, je l'ai considérée comme une bonne expérience et je suis passée à autre chose. Je ne pensais pas obtenir cet emploi, mais je l'ai obtenu.

Plus tard, j'ai appris qu'un membre du comité avait parlé de mon poids comme d'un inconvénient. Mon poids? Qu'est-ce que mon poids avait à voir avec mes qualifications pour ce poste? Apparemment, ce conseiller pensait que mon poids indiquait une instabilité émotionnelle et il en avait fait part aux autres. J'étais choquée par cette pensée, anéantie, sidérée, troublée. Un conseiller avait dit cela? Et en plus, un conseiller de tendance humaniste?

Cet incident a été la première occasion où j'ai pu prendre conscience des préjugés et des stéréotypes dont les membres de ma profession entretenaient sur les personnes grosses. Ce ne devait malheureusement pas être la dernière.

Je suis très bien placée pour parler de la thérapie des femmes corpulentes parce que j'ai vécu ce que représentait le fait d'avoir été une enfant et une cliente grosse. Je suis aussi thérapeute et, au cours de ma formation, j'ai été abreuvée des mêmes stéréotypes sur les personnes grosses que mes collègues. Avoir une orientation humaniste, posséder une vision orientée sur l'holisme et le bien-être, et même jouir d'une orientation spirituelle ne garantissent pas l'élimination de la phobie de la graisse dans le cabinet de consultation. Pour une femme grosse, cela signifie que si elle décide d'aller en thérapie, sa corpulence risque d'être — mais pas systématiquement — une préoccupation pour son thérapeute, même si elle n'en est pas une pour elle.

Étant bien au courant de ce préjugé dans ma profession et sachant que de nombreuses femmes corpulentes sont en thérapie pour diverses raisons, je dois vous faire part de mes préoccupations. Si vous n'envisagez pas la thérapie, vous pouvez sauter ce chapitre. Mais si vous y songez sérieusement ou si vous en avez déjà fait une, lisez-le sans tarder. Il constitue le guide de la femme corpulente dans le monde de la psychothérapie.

Dans le premier chapitre, j'ai cité les théories psychologiques sur l'excès de poids qui prolifèrent dans la profession, même si elles n'ont pas été approuvées par des recherches. Freud, le père de la psychanalyse, avait la réputation de ne pas aimer les personnes grosses. Il avait établi la théorie qu'elles étaient bloquées au stade oral de leur développement. D'autres théories psychanalytiques les classent dans les personnes réprimant leur colère ou leur sexualité. Les behavioristes pensent que, à la suite d'un apprentissage, notre faim dépend de stimuli extérieurs et non intérieurs. Les thérapeutes par le travail corporel croient que nous nous cuirassons, en repoussant les souvenirs et les gens par l'édification d'un mur de graisse.

Ajoutez à cette théorie toutes les nouvelles: les personnes grosses souffrent de troubles de l'alimentation (théorie de la dépendance, Overeaters Anonymous: la minceur ne vous fera pas aller mieux, mais le bien-être vous fera mincir); toutes les femmes grosses ont subi un abus sexuel (troubles de l'alimentation, théorie de la dépendance, Roseanne Arnold et Oprah Winfrey); toutes les femmes grosses disent, symboliquement et par l'intermédiaire de leur corps, qu'elles sont en colère et veulent être perçues comme puissantes et fortes (Susie Orbach, *Fat is a Feminist Issue*); toutes les personnes grosses sont déprimées (Janet Greeson, *It's Not What You're Eating, It's What's Eating You*); toutes les femmes grosses sont en colère contre leur mère (Judy Hollis, *Fat and Furious*); et toutes les femmes grosses le sont devenues parce qu'elles ne croyaient pas mériter d'être minces (Mariane Williamson, *A Return to Love* et *A Woman's Worth*, théorie du nouvel âge). Au moment où vous lirez ce livre, je suis sûre qu'il y en aura bien d'autres. Bien qu'il soit vrai que certaines femmes grosses souffrent de troubles de l'alimentation, que d'autres aient subi des abus sexuels, que d'autres soient en colère, que d'autres soient déprimées, que d'autres entretiennent des relations difficiles avec leur mère et que d'autres encore se sentent indignes, il est néanmoins vrai que des femmes minces connaissent aussi ces difficultés. Être mince ne garantit pas l'absence de ces problèmes, pas plus que la graisse ne permet de prédire avec certitude leur existence. Puisque la plupart des créateurs de ces théories utilisent l'hypothèse qu'être gros est de nature pathologique — une maladie —, ils pensent que ces problèmes accompagnent systématiquement la femme grosse.

Je ne veux toutefois pas dire que ces théoriciens tentent de blesser intentionnellement les femmes grosses. Bien au contraire, je crois qu'ils pensent plutôt les aider. Mais ils n'ont qu'une seule théorie qui, par définition, n'est pas un fait vérifié. Les théories sont élaborées à partir d'observations toujours tendancieuses qui dépendent de la perspective de l'observateur. Puisque la plupart de ceux qui établissent ces théories perçoivent la graisse comme malsaine — et donc le croient — et pensent que les personnes grosses sont en mauvaise santé psychologique, ils en établissent d'autres pour justifier l'aide qu'ils leur apportent à changer (perdre du poids) pour satisfaire la perception de ceux qui sont en bonne santé (les personnes minces). Si l'une de ces théories modifiait leur perception ou leur vérité et confirmait que la diversité de la corpulence est un trait de caractère de l'espèce humaine et non une manifestation de maladie psychologique, leur tentative d'aide aux personnes grosses aurait un tout autre aspect. En fait, celle-ci ressemblerait plutôt au message de ce livre: l'acceptation de sa corpulence amène une plus grande autonomie, une meilleure estime de soi et une meilleure qualité de vie.

Alors, comment faire son chemin à travers cette foule de théories et de thérapeutes pour trouver les meilleurs et ceux qui participent à l'acceptation de sa corpulence et de soi-même, ainsi qu'à l'augmentation de l'estime de soi? Certaines de ces étapes — que j'expliquerai mieux plus loin — se rapportent à la théorie de la diversité de la corpulence, à l'apprentissage des processus de la thérapie, à l'obtention de références, à la rencontre d'éventuels thérapeutes et à l'utilisation du sentiment de honte comme indicateur de progrès en thérapie.

Pour découvrir le bon thérapeute, vous devez commencer par la vérité sur votre corpulence: vous faites partie du grand plan de la diversité de la nature. Vous souvenez-vous des mots de la femme citée un peu plus tôt qui remarquait que deux arbres, deux brins d'herbe et deux flocons de neige n'étaient jamais identiques? Bien, alors regardez autour de vous. Cette observation est aussi valable pour les personnes. Elle constitue la théorie de la diversité de la corpulence, qui est un autre point de vue, une autre perception et une autre vérité. Faire sienne cette théorie change complètement l'aspect du monde et la manière de se considérer et de considérer les autres femmes corpulentes. Cela permet d'accepter sa corpulence et de s'accepter dans le corps que l'on possède déjà, parce que nous possédons tous un corps différent!

Le choix d'un thérapeute devient plus facile en considérant son environnement à travers la théorie de la diversité. Tout ce que vous avez à faire alors est d'en trouver un qui y adhère aussi, ou soit prêt à la connaître et assez ouvert pour prendre la même direction en thérapie, c'est-à-dire à accepter votre corpulence et l'augmentation de votre estime de vous-même avec ses comportements associés de bonne alimentation (sans régime) et d'exercice physique pour le plaisir et la bonne santé (et non pas pour la perte de poids).

Comment trouver un thérapeute qui corresponde à cette description? La meilleure manière est de passer par l'intermédiaire d'autres personnes ayant fait des thérapies réussies. Vous pouvez aussi consulter des organisations ou des publications faisant la promotion de l'acceptation de sa corpulence et de soi. Des magazines comme *Radiance* contiennent souvent les annonces de thérapeutes qui comprennent la corpulence forte et des organisations comme la NAAFA et l'AHELP (Association for the Health Enrichment of Large People) donnent aussi des références utiles (voir les notes du chapitre pour plus de renseignements).

Si vous ne parvenez pas à trouver un thérapeute malgré les références, votre recherche devrait être basée sur une étude personnelle de la thérapie, une bonne idée pour tous ceux qui voudraient en commencer une. Vous serez alors dans une meilleure position pour choisir celle qui vous convient le mieux. Voici quelques renseignements de base pour vous aider.

Premièrement, vous devez comprendre qu'une thérapie est une relation, une relation différente de celle que vous entretenez avec votre famille ou vos amis. Pour débuter cette nouvelle relation, vous devez sentir que vous pouvez travailler avec le thérapeute et apprendre à lui faire confiance.

Deuxièmement, la thérapie utilise l'outil de la communication efficace pour vous aider à apprendre à vous comporter de manière plus efficace qu'auparavant.

Troisièmement, l'objectif principal d'une thérapie réussie est d'améliorer votre conscience et votre acceptation de vous-même. La thérapie est un processus collectif; votre thérapeute est un professeur qui vous facilite la découverte de vous-même et vous devenez un agent actif du processus d'apprentissage. Vous faites votre part en devenant plus conscient de vous-même, en reconnaissant les possibilités d'amélioration et en ayant un désir de prendre certains risques dans le changement de vos perceptions et de votre comportement.

Comme il existe plusieurs types de diplômes sanctionnant les thérapeutes, vous risquez d'avoir de la difficulté à choisir celui qui vous convient le mieux. Mais les diplômes n'étant pas toujours garants d'une bonne thérapie, vous pouvez trouver des thérapeutes efficaces — et inefficaces — avec ou sans certains diplômes et titres.

Le fait de choisir de travailler avec un thérapeute de sexe masculin ou féminin est une considération importante pour des sujets comme l'image du corps. Les deux ont leurs avantages et leurs inconvénients. Avec une thérapeute, l'avantage est qu'elle peut éprouver de la sympathie pour vous, toutes les femmes de notre société — elle également — étant affectées par des sujets comme l'image de leur corps et leur corpulence. Cela peut toutefois être aussi un inconvénient. Les thérapeutes de sexe féminin acquièrent aussi les mêmes préjugés culturels contre les personnes grosses que le reste de la population. C'est la raison pour laquelle elles peuvent souffrir d'une «cécité partielle» et risquer de ne pas reconnaître leurs propres projections inconscientes à propos de leur corps et de leurs préjugés sur les personnes grosses. Cela risque d'entraver considérablement leur capacité à vous percevoir avec exactitude au cours de la thérapie.

Les thérapeutes de sexe masculin risquent de comprendre différemment le problème de l'image du corps. Il s'agit alors d'un avantage, car un homme s'identifie moins avec ce problème, ce qui lui permet d'être plus objectif. L'inconvénient de travailler avec un thérapeute de sexe masculin est toutefois qu'ayant lui aussi été élevé dans le même environnement culturel, son idéal en matière de corps féminin sain et attirant est probablement le même que celui de la société. Le fait de posséder ce genre de perception tendancieuse affectera sa manière de considérer votre poids en vous écoutant. Comment savoir si un thérapeute de sexe masculin ou féminin sera alors le meilleur pour vous? Comme pour les différences de diplômes et de titres, le sexe du thérapeute risque de ne pas être le meilleur indicateur de réussite de la thérapie, des thérapeutes efficaces et inefficaces se retrouvant dans les deux sexes.

Sans tenir compte des titres, des diplômes ou du sexe, le critère le plus important dans le choix d'un thérapeute est le suivant: pour vous, le meilleur est celui en qui vous aurez le plus confiance. Si vos objectifs sont d'accepter votre corpulence et de vous accepter vous-même, votre confiance sera construite à partir de sa philosophie personnelle et professionnelle sur les personnes grosses, le poids et la corpulence. Ainsi, si vous lui dites que vous préférez la théorie de la diversité de la corpulence à celle de «la graisse est mauvaise pour la santé», sa réponse vous donnera des indications sur la manière dont vous vous sentirez avec lui. (La plupart des femmes préférant habituellement un thérapeute de sexe féminin, j'utiliserai dorénavant le genre *féminin* en parlant de tout thérapeute — homme ou femme — pour le reste de ce chapitre.)

Vous pouvez utiliser les questions suivantes comme points de référence pendant votre entrevue avec une thérapeute potentielle. Recherchez les réponses qui vous conviennent le mieux en commençant par:

1. Comment pourriez-vous décrire le genre de thérapie que vous effectuez?
2. Avec quel genre de clients travaillez-vous habituellement?

Toutes celles qui envisagent une thérapie, quel qu'en soit le résultat, devraient poser ces deux questions essentielles. Les réponses varient selon la formation et les intérêts de la thérapeute. Ce que vous éprouvez à propos des réponses dépend de votre situation et de vos préférences. À la première question, par exemple, si vous préférez maintenir votre famille à l'écart de votre thérapie, vous feriez un mauvais choix si la thérapeute donne la priorité au travail familial et souhaite considérer ceux qui vous sont chers comme une partie de votre traitement. Un autre exemple: vous disposez d'un montant limité d'argent et vous préféreriez une thérapie de courte durée, mais la thérapeute ne fait que des psychanalyses à long terme.

La deuxième question concerne le genre de clients que la thérapeute préfère — les femmes, les personnes dépendantes, les couples, les personnes ayant des troubles de l'alimentation, les familles avec enfants, etc. — et vous aidera à évaluer la compatibilité de vos intérêts. Si les réponses à ces deux questions vous satisfont, passez aux suivantes qui traitent plus spécialement d'acceptation de la corpulence.

3. Que pensez-vous des personnes grosses? Ou, que pensez-vous du travail avec des femmes corpulentes?

4. Croyez-vous que toutes les femmes corpulentes souffrent de troubles de l'alimentation? (Cette question est particulièrement importante pour une thérapeute spécialisée dans ces troubles.)

5. Croyez-vous que toutes les femmes corpulentes aient souffert d'abus sexuel?

6. Que ressentez-vous à propos des régimes? Dans quelles circonstances recommanderiez-vous (au besoin) à vos clientes de faire un régime ou seriez-vous d'accord si elles en faisaient un? Faites-vous un régime?

7. Croyez-vous qu'une personne soit en meilleure santé, plus heureuse ou plus attirante si elle perd du poids? Pourquoi? Si vous ne le croyez pas, pourquoi?

8. En tant que psychothérapeute, comment pensez-vous que le poids soit relié aux problèmes de vos clients?

9. Que savez-vous des problèmes des personnes grosses attribuables à la discrimination sociale dont elles font l'objet?

10. Votre cabinet de consultation convient-il à des personnes corpulentes? Possédez-vous des fauteuils assez confortables pour elles? Possédez-vous des magazines pour elles dans votre salle d'attente?

11. Je suis une femme corpulente qui croit pouvoir être en bonne santé et heureuse quel que soit son poids. Mon but est d'accepter de mieux en mieux ma corpulence et ma personnalité. Croyez-vous qu'il s'agisse d'un but réaliste pour une thérapie que je ferais avec vous?

Vous risquez de ne pas trouver nécessairement toutes les questions de 3 à 10 appropriées, nécessaires ou importantes à poser lors de votre premier contact avec la thérapeute, qui se fait habituellement par téléphone. Mais, pour atteindre votre but, la communication de l'idée principale de la théorie de la diversité et de l'estime de sa corpulence et de soi à une thérapeute éventuelle est de la plus grande importance (question 11).

La réponse que la thérapeute fera à ces questions est évidemment primordiale. Vous pouvez obtenir certaines réponses qui vous feront sentir bien au premier contact. Il s'agit alors d'une thérapeute que vous pouvez sérieusement songer à rencontrer. Vous pouvez avoir des réponses vous donnant l'impression que la thérapeute vient d'une autre planète; remerciez-la alors pour le temps qu'elle vous a consacré et appelez-en une autre.

Vous risquez d'obtenir des réponses qui vous laissent dans l'ambivalence, d'autres avec lesquelles vous serez à l'aise et d'autres encore qui risquent de vous poser des problèmes. La thérapeute peut, par exemple, vous donner un double message: elle n'encourage pas les régimes alimentaires pour ses clientes mais en fait parfois elle-même. Dans ce cas, vous pouvez envisager de lui faire connaître votre opinion sur les régimes et l'acceptation de sa corpulence avant de commencer une thérapie avec elle. Vous pouvez lui demander si elle souhaite lire certains documents et tenir compte de la valeur d'un autre point de vue. Si sa réponse est non, cherchez-en une autre. Si sa réponse est oui, vous pouvez vous engager et prendre votre premier rendez-vous pendant lequel vous pourrez approfondir ces sujets.

Ce genre de situation s'est produit avec ma propre thérapeute. J'avais entendu parler d'elle et de sa bonne réputation et je l'ai immédiatement aimée. Je savais aussi qu'elle croyait — et c'était compréhensible — à certains stéréotypes culturels sur les personnes grosses. Je lui ai dit que je devais me sentir totalement en confiance avec elle pour aborder la question de mon poids et de ma corpulence, et je lui ai demandé si elle était prête à lire certains documents partageant mon point de vue personnel. Je lui ai aussi demandé si elle était prête à écouter *mon* expérience personnelle de femme corpulente. Elle a été d'accord. Elle m'a aussi incitée à le lui dire si elle manifestait une quelconque trace de phobie de la graisse pendant que nous travaillerions ensemble. Son accord a non seulement renforcé notre collaboration, mais il lui a aussi permis de connaître un autre point de vue. Ma thérapeute s'étant ouverte à l'apprentissage de quelque chose de nouveau grâce à moi, je me suis sentie suffisamment en confiance auprès d'elle pour explorer d'autres sujets que l'acceptation de ma corpulence et de moi-même.

Pour terminer, un mot à propos de la honte et de la manière de l'utiliser comme indicateur de progrès en thérapie. La honte est un sentiment courant chez les femmes, mais il est assez difficile à comprendre. J'ai deux opinions à ce sujet: premièrement, il s'agit d'une émotion qui vient du fossé séparant notre moi actuel de notre moi idéal. Deuxièmement, la honte est une émotion qui se fait souvent sentir lorsque notre expérience personnelle diffère de ce que la société trouve acceptable.

La honte est aussi un sentiment de solitude, de coupure d'avec les autres, d'isolement, de conservation d'un secret et d'incapacité à en parler. La honte, c'est aussi croire que vous êtes une personne mauvaise, ce qui est différent de penser que vous avez fait une mauvaise chose, ce qui est de la culpabilité. La honte est profondément liée aux sentiments des femmes à propos de leur corps, car ils sont rarement conformes à ce que la société trouve acceptable, ce qui les fait se sentir «déviantes». Et puisque l'écart entre le corps actuel d'une femme et son corps «idéal» — défini par la société et intégré par elle comme un de ses désirs personnels — est immense, la plupart des femmes éprouvent quotidiennement de la honte. Combien de fois avez-vous entendu les femmes (vous y compris) dire: «Je me sens grosse»? Ce que nous voulons vraiment dire ainsi est: «Je ne me sens pas bien.» Dire: «Nous nous sentons grosses» est devenu une manière acceptable d'exprimer notre honte, une manière raccourcie de faire connaître aux autres notre échec symbolisé par notre corps imparfait.

Si la honte affecte les femmes de toute corpulence, elle apparaît encore plus importante pour les femmes grosses. La honte a été déversée sur nous par la société qui croit que nous avons échappé à tout contrôle. Nous avons publiquement honte de notre corpulence auprès des inconnus dans la rue, de nos familles et de nos amis. Cela se produit parce que l'apparence des femmes, y compris leur poids, n'est pas une matière personnelle mais un sujet de considération et de discussion publiques. Susan Wooley, spécialiste des troubles de l'alimentation et femme corpulente, le résume bien en disant: «Si la honte servait de traitement à l'obésité, il n'y aurait pas une seule personne grosse sur terre.»

144

Nous savons tous à quoi ressemble la honte. Souvenez-vous de ce sentiment parce que, si vous l'avez déjà ressenti dans votre relation avec votre thérapeute, vous devez absolument le lui dire. Libérer votre honte du poids du secret, où qu'il réside, et l'amener à la lumière du jour pour la traiter est une attitude à encourager. Mais son apparition en cours de thérapie peut aussi indiquer qu'il est temps pour vous de réévaluer votre association avec votre thérapeute. Avec des sujets comme la corpulence et le poids, l'objet de la thérapie est de diminuer la honte et non pas d'en éprouver encore plus. La thérapie doit être un endroit sûr pour vous dans le corps que vous possédez déjà.

La psychothérapie est un service pour lequel vous dépensez de l'argent durement gagné. Vous avez le droit de demander ce que vous désirez de la relation thérapeutique, un droit d'exprimer vos opinions et vos sentiments même s'ils sont différents de ceux de votre thérapeute et un droit de définir vos propres objectifs. Il s'agit de votre thérapie et de votre qualité de vie, et non pas de celles de votre thérapeute. S'il vous plaît, n'en demandez pas moins.

La thérapie peut constituer une merveilleuse expérience. Il n'existe rien de mieux que de passer du temps avec quelqu'un qui vous porte une complète attention; d'être avec quelqu'un qui écoute véritablement ce que vous dites (et ne dites pas); d'être avec quelqu'un qui tient sincèrement compte de vos sentiments pour vous allouer l'espace nécessaire à leur expression (même ceux à son propos); d'être avec quelqu'un qui considère votre bien-être, votre croissance personnelle et la qualité de votre vie comme ses premières priorités; d'être avec quelqu'un qui vous laisse vivre lorsque *vous* êtes prête et qui vous incite à affronter le reste de votre vie en vous faisant confiance, en faisant confiance à vos perceptions, à vos expériences et à votre valeur personnelle comme étant ceux d'une femme de poids et de substance, même si le reste du monde vous considère différemment.

Chapitre 8

Une histoire pour nourrir l'âme: le conte d'Abondia

D ans les temps anciens, il était une fois une tribu qui vivait au bord de la mer. Les hommes étaient grands comme les palmiers qui poussent sur le rivage, leurs yeux étaient noirs comme le ciel avant l'orage et leurs cheveux avaient la couleur des ailes du goéland. Depuis aussi longtemps que les vieux s'en souvenaient, ils vivaient de pêche dans les eaux poissonneuses. Un beau jour et de manière inexplicable, le zouloulou, le seul poisson qu'ils mangeaient, devint de plus en plus rare. La tribu commença à s'inquiéter de sa disparition parce qu'elle n'avait rien d'autre à manger. Au fur et à mesure que les mois passaient, la faim grandissait et la plupart des gens devenaient de plus en plus minces.

Sauf une petite fille prénommée Abondia. Elle portait le nom de l'ancienne déesse de l'abondance et elle était aussi ronde que la pleine lune qui brillait à sa naissance, avec des yeux aussi bleus que la mer et des cheveux de la couleur des flammes. Alors que le reste de la tribu maigrissait, Abondia restait potelée. Les hommes de la tribu, qui étaient déjà ennuyés par cette enfant qui ne leur ressemblait pas, commencèrent à la regarder avec suspicion lorsque le zouloulou commença à se faire rare. Abondia possédait-elle une cachette secrète remplie de zouloulous qu'elle mangeait toute seule? Allait-elle pêcher la nuit et attraper tous les zouloulous alors que le reste de la tribu dormait? Comment pouvait-elle rester aussi grosse quand le reste de la tribu maigrissait et devenait mince comme un roseau?

Abondia se posait aussi des questions. Elle savait qu'elle mangeait la même chose que le reste de la tribu — très peu maintenant — et se demandait pourquoi elle restait si potelée alors que tout le monde autour d'elle maigrissait. Même en grandissant de plus en plus, sa corpulence ne changeait pas. Elle était toujours ronde.

Depuis qu'elle marchait, Abondia savait que son aspect était différent de celui des autres membres de la tribu et cela les faisait agir avec précaution. Elle avait compris que la plupart d'entre eux ne lui faisaient pas confiance. Elle commença alors à se sentir honteuse de son corps. Elle se sentait isolée également parce que les autres enfants se moquaient de sa corpulence et de son apparence. Elle se sentait comme une étrangère.

Sa grand-mère était toutefois un réconfort pour elle. La prenant sur ses genoux le soir, Grand-mère lui disait qu'elle était une petite fille spéciale. En effet, l'aïeule pensait que la déesse avait certainement des projets pour Abondia. Avec sagesse, elle conseilla donc à la fillette d'ouvrir son cœur aux autres enfants et au reste de la tribu qui avait faim et peur.

Un beau jour, alors que d'autres enfants s'étaient moqués de l'appétit et de la corpulence d'Abondia, elle marcha jusque dans la mer, ce qui lui apportait toujours un grand sentiment de paix. Elle décida d'oublier ses misères, trempa ses pieds dans l'eau et se mit à jouer avec les vagues. Les vagues, elles, se moquaient bien qu'elle soit grosse! Elles continuèrent à jouer avec elle.

Alors qu'elle courait dans l'eau sur le rivage, elle perdit la notion du temps et de l'espace. En fait, elle s'était tellement éloignée qu'elle ne reconnaissait pas l'endroit où elle se trouvait. Mais la mer semblait l'inviter à entrer dans son sein. Elle remonta donc ses cheveux, quitta ses vêtements et nagea jusqu'à un gros rocher qui émergeait. Tout en nageant, Abondia remarqua combien il lui était facile de flotter sur l'eau, comme si elle avait été portée avec douceur par les vagues.

Lorsque Abondia atteignit le rocher, elle dénoua ses longs cheveux, les laissa flotter librement dans le vent et se mit à contempler l'immensité bleue devant elle. Elle se sentit enfin en paix.

Au bout d'un moment, elle fut tirée de sa rêverie par un son étrange, semblable au vent qui souffle à travers une étroite fissure de rocher. Alors, juste devant ses yeux aussi bleus que la mer, une femme corpulente sortit de l'eau dans une éblouissante lumière argentée. Cette apparition rappela à la fillette la pleine lune la plus brillante qu'elle avait jamais vue. Abondia remarqua que cette femme transportait un grand panier rempli d'objets colorés de toutes formes et dimensions. Ces objets étaient des fruits et des légumes mais, comme elle n'en avait jamais vus auparavant, la fillette ne sut pas les reconnaître.

La femme se mit alors à lui parler. «Tu portes mon nom, Abondia, ma filleule, et je t'aime avec tendresse. Il y a peu, tu avais honte de ton corps parce qu'il est différent de celui des autres membres de ta tribu et tu as été maltraitée par ceux qui ne comprennent pas ta destinée. Tu as reçu ce corps rond et potelé pour une bonne raison, Abondia, qui te sera révélée lorsque le temps sera venu. Mais tu dois d'abord découvrir trois choses à propos de toi-même. Tu dois trouver ta beauté, ta voix et ta raison d'être. Pour cela, tu dois quitter ta maison et voyager jusqu'au pays qui est au-delà de la mer. N'aie aucune crainte parce que je serai toujours auprès de toi. Je viendrai souvent à toi dans tes rêves et tu pourras aussi m'entendre te parler avec la voix qui vient de ton cœur.» Puis la déesse devint transparente et disparut.

Aussi surprise que troublée, Abondia se sentait plus légère et pleine d'un espoir qu'elle n'avait jamais connu auparavant. Elle nagea jusqu'à la plage, s'habilla et courut jusque chez elle aussi vite que ses jambes chancelantes le lui permirent.

Lorsqu'elle raconta à Grand-mère ce qui lui était arrivé, cette dernière sourit et hocha la tête. Il y avait longtemps que la déesse de l'abondance n'était pas apparue à sa tribu et Grand-mère savait qu'il y avait des années que ses membres avaient même oublié son existence. Elle comprenait maintenant que la destinée de sa petite-fille était de ramener la tribu au contact de la déesse. Ainsi, Grand-mère dit à la fillette qu'elle allait lui manquer, mais qu'elle devait faire ce que la déesse attendait d'elle. Pendant que Abondia se préparait pour son voyage en se baignant et en enfilant des vêtements propres, Grand-mère lui prépara un panier rempli de zouloulous séchés. Puis elle la laissa partir en lui donnant un baiser.

Abondia voyagea jusqu'au pays de l'autre côté de la mer qui lui parut beaucoup plus près qu'elle ne l'avait imaginé. Elle y vit tellement de plantes et d'animaux nouveaux dans les vallées et dans les forêts qu'elle eut de la peine à en croire ses yeux. Elle fut d'abord tentée de trouver déplaisantes toutes les couleurs, tailles et formes, mais une voix qui venait de son cœur lui dit que même si aucune fleur, aucun arbre et aucun oiseau n'étaient semblables, ils étaient tous aussi beaux. La fillette fut d'accord avec la voix et elle prit beaucoup de plaisir à regarder toute cette beauté autour d'elle.

Soudain, elle prit conscience de quelque chose de nouveau: elle pouvait ne pas ressembler aux autres membres de sa tribu et être pourtant très belle! Les grandes fleurs jaunes qui poussaient dans les champs étaient tout aussi adorables que les délicates fleurs bleues qui poussaient au fond des bois. Dès qu'elle eut compris cette vérité qui venait de son cœur, elle la rencontra partout où elle alla. Elle se mit de plus en plus à accepter sa corpulence, sa beauté et son corps tels qu'ils étaient.

Après un certain temps, Abondia termina les zouloulous séchés que Grand-mère lui avait préparés et elle eut très faim. En fait, elle eut tellement faim qu'une nuit elle pleura jusqu'à ce qu'elle s'endorme. Cette nuit-là, pendant qu'elle dormait, elle rêva de la déesse et de son panier rempli d'objets de différentes tailles et couleurs. La déesse lui dit que puisqu'elle avait découvert le secret de sa propre beauté, elle était prête à découvrir la beauté et l'usage des objets de son panier. «Mon panier contient de la nourriture, dit la déesse. En cueillant cette nourriture qui pousse partout, tu pourras te nourrir et nourrir ta tribu. C'est aussi la manière dont tu trouveras ta voix, Abondia.»

150

Lorsque la fillette se réveilla, elle regarda dans les bois autour d'elle et commença à les considérer d'une manière différente. Ils n'étaient pas seulement beaux à leur manière, ils étaient aussi une source de nourriture. Se souvenant des objets dans le panier de la déesse, Abondia regarda autour d'elle et vit les grosses boules rouges qui poussaient sur les arbres et les petites boules bleues qui poussaient sur les buissons. Elle les goûta et les trouva délicieux. Elle creusa le sol et déterra des racines qui sentaient bon et avaient un goût délicieux. Elle découvrit aussi que les tiges et les vignes portaient aussi leur ration de bonnes choses.

La déesse tenait ses promesses et se tenait près d'elle, la guidant dans tous ses rêves. Elle dit à Abondia qu'elle trouverait des fruits et des légumes avec des noms comme pommes, carottes, pommes de terre, maïs et raisins. Très rapidement, Abondia se rendit compte qu'il existait beaucoup de nourriture à part les zouloulous. Elle était tout excitée par ses nouvelles découvertes et brûlait d'impatience de revenir chez elle pour les faire connaître aux membres de sa tribu, pour leur dire que dans les bois et les vallées, tout près de chez elle, se trouvaient des quantités de bonnes choses à manger.

Abondia remplit son panier avec ses nouvelles sources de nourriture et elle revint dans sa tribu pour lui communiquer ses bonnes nouvelles. Lorsqu'elle y arriva cependant, tout le monde ne fut pas enchanté par ses découvertes. En réalité, ils pensèrent qu'elle était devenue folle. Manger une boule rouge qui pousse sur un arbre? Manger une racine orange qui pousse dans le sol? Qui a jamais entendu parler d'une telle chose? Toute la tribu avait faim, était irritable et n'avait l'habitude de ne manger que des zouloulous. Rien de ce que leur dit la fillette ne put les convaincre à manger ce qu'elle avait découvert. Ça, de la nourriture? Beurk...

Grand-mère croyait Abondia et elle était fière de ce que la fillette avait appris dans ses voyages. Elle sentait qu'elle était une enfant différente de celle qui était partie quelques mois plus tôt, plus sûre d'elle-même et plus heureuse. Grand-mère avait confiance en tout ce que la fillette disait et elle goûta aux fruits et aux légumes. Ils étaient délicieux! Bien meilleurs que les zouloulous séchés ou même frits!

151

Avec le soutien de Grand-mère et la sagesse de la déesse, Abondia s'attaqua à la tâche de trouver sa propre voix, racontant sa vérité aux membres de la tribu. Depuis son voyage, elle se sentait mieux dans son corps potelé, et les adultes cessèrent de la considérer avec méfiance et déplaisir. Lorsque les enfants se moquaient de sa corpulence, elle les ignorait ou leur disait qu'elle savait qu'elle était belle et que c'était tout ce qui comptait. Et toujours, elle conservait sa découverte près de son cœur: il y a de la beauté dans la diversité.

Abondia considéra alors que sa tâche était de convaincre la tribu qu'il n'y avait pas que des zouloulous à manger dans le monde. Avec Grand-mère, elles allèrent dans les bois et les champs pour y récolter autant de nourriture qu'elles purent en rapporter. La déesse avait dit à Abondia qu'il y avait d'autres bons poissons dans la mer. Aussi, la fillette et sa grand-mère allèrent pêcher le soir jusqu'à ce qu'elles en récoltent une bonne quantité. Puis elles préparèrent un festin pour toute la tribu.

Par chance, les membres de la tribu avaient tellement faim qu'ils vinrent pour le souper. Avec précaution, ils goûtèrent à ce qu'elles avaient préparé et, malgré que les mets aient eu une apparence et un goût inhabituels, ils en mangèrent jusqu'à être repus et sourirent de béatitude à Abondia.

C'est au cours de ce festin que la fillette se rendit compte que les leçons de la déesse étaient terminées. La beauté d'Abondia était marquée par le fait qu'elle était différente. Sa voix disait la vérité de son cœur. Et le but de sa vie était de ramener à sa tribu la déesse de l'abondance. En honorant la déesse et ses cadeaux, toute la tribu a appris que la disette n'existait pas pour ceux qui croyaient en la diversité et portaient un regard généreux sur le monde.

Annexe 1

Un mot sur les régimes et l'alimentation compulsive

Un grand nombre d'entre nous souhaitent apprendre à accepter leur corpulence mais ont toujours de la difficulté avec leur comportement alimentaire. Le processus en spirale d'acceptation de la corpulence (voir chapitre 6) nous rappelle que le comportement alimentaire a ses propres transitions. Si vous avez fait des régimes pendant toute votre vie, vous pouvez utiliser cette spirale comme un guide de la manière dont votre mode d'alimentation varie avec le temps. Vous pouvez vous attendre à passer du régime amaigrissant à la goinfrerie — comportement typique de toute personne qui suit un régime — avant de pouvoir manger sainement (ce qui implique un processus de stabilisation de la relation avec la nourriture) jusqu'au moment où la nourriture et sa consommation cessent d'être des points essentiels de votre vie.

Ce qui suit résume brièvement les principaux problèmes entourant l'alimentation, les régimes et la goinfrerie chez la femme corpulente et ne se prétend pas être une étude exhaustive. Plusieurs livres ont été écrits sur ce sujet et je vous incite à rechercher plus de renseignements. Méfiez-vous de tout ce qui se vante d'être une approche sans régime, mais n'est en fait que de la promotion déguisée pour un type de régime; par exemple, *Stop the Insanity,* par Susan Powter, ou *Feeding on Dreams,* par Epstein et Thompson. Méfiez-vous aussi de tout ce qui vous assure de devenir «naturellement mince» ou de toujours maigrir en cessant de manger compulsivement, par exemple, *Feeding the Hungry Heart* et *Quand manger remplace aimer,* par Geneen Roth.

Examinons maintenant quelques-uns des malentendus sur les personnes grosses, la nourriture et l'alimentation. Premièrement, il existe un stéréotype qui veut que les personnes grosses mangent plus que les minces. Mais les études ont montré qu'en moyenne ce n'était pas le cas. Ne connaissez-vous pas une personne mince qui consomme des milliers de calories par jour sans jamais grossir? Ou une personne grosse (peut-être même vous) qui mange modérément (disons 2000 calories par jour) et prend du poids? (Au fait, des études sur la privation de nourriture effectuées sur des sujets humains dans les années 1950 définissent l'état de semi-privation à partir de 1500 calories par jour. Je m'interroge donc sur les régimes qui en prescrivent 1000 ou même moins. Sont-ce des régimes amaigrissants ou de la privation de nourriture?)

Un régime amaigrissant effectué de manière continue peut être dommageable alors que nous voulons normaliser notre alimentation. Selon les mots d'une de mes amies, «Je suis toujours en train de suivre ou de terminer un régime. Je ne peux jamais m'asseoir à table et tout simplement manger mon repas!» Lorsque nous faisons un régime en réduisant notre alimentation à peu de calories, nous privons notre corps de ce dont il a besoin pour fonctionner. Lorsque nous avons terminé un régime qui nous a privées physiologiquement et psychologiquement, nous nous mettons habituellement à nous empiffrer. Celles qui font des régimes de manière chronique passent à tour de rôle de la privation à la goinfrerie. Dans ce cycle, il est impossible d'arriver à reprendre contact avec son corps et sa faim, et de manger naturellement de la nourriture qui est simplement de la nourriture, à laquelle nous pensons la plupart du temps et que nous mangeons lorsque nous avons faim. Pouvez-vous imaginer une vie dont la nourriture et l'alimentation seraient les deux seules préoccupations? Vous pouvez débuter le processus en cessant tout simplement de faire des régimes.

L'alimentation compulsive est un autre problème qui est souvent la conséquence des régimes. Défini simplement, ce type d'alimentation consiste à manger pour des raisons autres que la simple faim physiologique. L'alimentation compulsive peut constituer un problème pour des femmes de toute corpulence. Malheureusement, de nombreux médecins, psychothérapeutes et nutritionnistes jettent un regard à la femme corpulente et pensent qu'elle est soit une mangeuse compulsive, soit une mangeuse excessive et la classent dans la catégorie des personnes souffrant de troubles de l'alimentation. Cela constitue véritablement un problème pour certaines femmes corpulentes. Toutefois, de nombreuses femmes corpulentes ne souffrent pas de troubles de l'alimentation et ont des habitudes alimentaires parfaitement saines. De plus, pratiquement tout le monde se suralimente à divers degrés, mange pour des raisons affectives plutôt que physiologiques ou mange simplement pour le plaisir. Présentées occasionnellement, ces attitudes n'indiquent pas que vous êtes une mangeuse compulsive ou une grosse mangeuse, ou que vous souffrez de troubles de l'alimentation.

Les recherches ont aussi montré que, pour certaines personnes, faire un régime contribuait en fait à prendre du poids à chaque tentative. Cette particularité porte le nom d'«obésité induite par les régimes». En d'autres mots, vous perdez 7 kg (15 lb) et vous reprenez 9 kg (20 lb), vous perdez 9 kg (20 lb) et vous reprenez 16 kg (35 lb), etc. Vous devenez donc bien plus grosse après votre dernier régime qu'avant le premier. C'est la raison pour laquelle les régimes amaigrissants, qui ont toujours été considérés comme des solutions au problème de l'excès de poids, sont en fait les véritables responsables de celui-ci!

Finalement, suivre un régime amaigrissant et perdre du poids comportent certains risques pour la santé. Quels sont-ils? En voici une liste partielle: les calculs biliaires (pierres au foie), les troubles cardiaques, les syncopes, la faiblesse, la grande fatigue, l'hypercholestérolémie (taux de cholestérol élevé), l'anémie (manque de globules rouges), l'hypotension (basse pression), l'intolérance au froid, la perte de tissu musculaire, les troubles gastro-intestinaux, la perte de cheveux et parfois même la mort. Nous avons beaucoup entendu parler des risques que l'excès de poids faisait courir à la santé, mais la solution préconisée — le régime amaigrissant — ne semble pas être tellement meilleure.

Si vous désirez plus de détails sur ces sujets, je vous recommande la lecture des livres suivants qui comportent aussi une philosophie d'acceptation de la corpulence. *Making Peace with Food,* de Susan Kano; *Beyond Dieting,* de Donna Ciliska; *Overcoming Overeating,* de Hirschman et Hunter, et *Fed-Up,* de Terry Garrison. *The Health Risks of Weight Loss,* de Frances Berg, donne un aperçu complet des recherches effectuées jusqu'en 1993 sur les régimes, y compris l'étude sur la privation de nourriture citée dans la présente section.

Annexe 2

À lire si vous êtes thérapeute

Ceux et celles qui œuvrent dans le domaine de la relation d'aide ont contribué de manière significative à la poursuite de la discrimination envers les personnes grosses. Les psychothérapeutes ont apporté leur contribution en essayant de donner des explications psychologiques et un traitement à ce qui n'est assurément qu'un problème de société. Les thérapeutes ont dû faire face à leurs manières d'influencer les problèmes avec des groupes aux besoins particuliers — comme les handicapés, les homosexuels, les lesbiennes, les personnes âgées et les minorités culturelles —, mais n'ont toutefois pas réglé leur préjugé sur les personnes grosses. Cela paraît être le dernier stigmate socialement sanctionné parce que, à la différence des épileptiques, des lesbiennes, des personnes âgées ou des minorités visibles, le fait d'être gros est encore perçu comme étant sous la responsabilité de l'individu. Pour ne pas rester des éléments du problème et devenir plutôt des éléments de sa solution, je crois que les thérapeutes doivent réexaminer leurs attitudes et leurs stéréotypes sur les personnes grosses.

Si vous êtes thérapeute et ne croyez pas que cette attitude faussée vis-à-vis des personnes grosses soit un problème dominant dans la profession, lisez les citations suivantes extraites du chapitre intitulé «La femme grosse» dans *Le psy bourreau de l'amour: 10 cas vécus par un grand psychiatre américain* (1991), de l'éminent psychiatre Irvin Yalom.

> J'ai toujours été repoussé par les femmes grosses. Je les trouve dégoûtantes à cause de leur absurde dandinement, de l'absence de découpe de leur silhouette: les seins, les cuisses, les fesses, les épaules, les mâchoires, le menton et *tout*, tout ce que j'aime voir chez une femme, est déformé par une avalanche de chair... Et avec quelle audace elles imposent ce corps au reste du monde (p. 88).

Le docteur Yalom poursuit sa critique contre les personnes grosses:

> Bien entendu, je ne suis pas le seul à avoir ce parti pris. Le renforcement culturel est omniprésent. Qui a jamais eu un mot gentil pour la femme grosse? Mais mon mépris surpasse toutes les autres normes sociales... Lorsque je vois une femme grosse en train de manger, mon estime de l'humanité diminue beaucoup. Je voudrais lui arracher sa nourriture, lui écraser le visage dans sa crème glacée. «Arrêtez de vous empiffrer! N'en avez-vous donc pas assez, grand dieu!» J'aimerais lui immobiliser définitivement les mâchoires avec du fil d'acier (p. 88-89).

En lisant cela et le reste du chapitre, j'étais abasourdie par la candeur et l'honnêteté de Yalom, en colère contre son préjugé flagrant et attristé par le fait que lui, un thérapeute, puisse éprouver ce genre de sentiments pour autrui. Cela m'a aussi alertée sur la manière dont ces attitudes étaient profondément enracinées et sur le fait que l'éducation, les qualifications professionnelles et la respectabilité ne garantissaient pas l'absence de sectarisme.

Il est assez intéressant de constater que, la même année de publication du livre du docteur Yalom, un autre paraissait sur le même sujet, mais avec une optique féministe. *Overcoming Fear of Fat*, de Laura Brown et Esther Rothblum (éditeurs), contenaient le message suivant:

> Nous venons simplement d'intégrer les perspectives anti-oppressives de la graisse dans la pratique de la psychothérapie. Pour y parvenir, nous devons vaincre nos propres préjugés ainsi que ceux de nos collègues à propos de la valeur de la minceur. Nous devons traiter avec nos propres peurs nos corps de femmes, le fait d'être amples, de prendre de la place, de transporter du poids (p. 3).

Yalom, Brown et Rothblum sont respectés dans leur domaine bien qu'ils ne partagent pas la même opinion sur les femmes grosses. La perspective «la-graisse-est-mauvaise» de Yalom possède des racines profondes dans notre société, alors que Brown et Rothblum considèrent le sujet d'une manière différente. Ils partagent la conviction que la graisse est égale à une maladie et leur approche affirme que c'est son oppression qui est le problème, et non pas la graisse elle-même. Yalom accuse les personnes alors que Brown et Rothblum critiquent la société.

La plupart des membres de ma profession seraient d'accord avec Yalom et je me suis par conséquent engagée à exposer un autre point de vue aux thérapeutes toutes les fois que j'ai pu le faire, d'où la présence de cette annexe dans ce livre.

Si vous êtes thérapeute et intéressé à élargir votre compréhension professionnelle de ce problème, voici certaines questions importantes auxquelles vous devez réfléchir: êtes vous prêt à considérer ce sujet d'une manière différente et à changer d'opinion en considérant la graisse comme une phobie de la société plutôt que comme une manifestation pathologique? Êtes-vous prêt à voir votre propre phobie de la graisse et à la traiter à un niveau personnel?

Si vous êtes une thérapeute, affronter votre propre peur de la graisse devrait plutôt modifier la manière dont vous vous sentez à

159

propos de votre corps et dont vous prenez soin de lui. Ce changement est-il le bienvenu dans votre vie? En tant que femme et thérapeute, je crois qu'il est nécessaire, pour que les thérapeutes féminins puissent offrir des traitements efficaces et valables à toutes les femmes qui viennent les consulter pour des problèmes d'image du corps, surtout si elles sont grosses.

Si vous êtes un thérapeute, êtes-vous prêt à affronter votre préjugé sur la graisse et à devenir plus conscient du fait que l'aspect, le poids et le sexisme jouent un rôle dans votre implication avec la femme dans votre vie privée? En tant qu'homme, Yalom révèle que son préjugé sur la graisse dépend en partie de l'attrait pour les femmes minces qui est partagé par toute la société. En tant que thérapeute, il comprend que cette préférence est aussi influencée par sa relation avec les «femmes grosses en charge d'autorité» dans sa famille, et en particulier par sa mère. Souhaitez-vous faire le même genre d'analyse de l'âme pour comprendre l'origine de votre phobie de la graisse?

Si vous avez songé à ces questions et à ces considérations et si vous êtes prêt à agir, je vous propose ce qui suit comme un guide résumé. Si vous pensez sérieusement modifier votre opinion personnelle et professionnelle, il vous restera encore beaucoup de réflexion et de lecture à faire après avoir fermé ce livre.

1. *Apprenez un maximum de choses sur le poids, la corpulence et l'image du corps des femmes d'un point de vue historique, culturel et ouvert à la diversité de la corpulence.*

La compréhension du contexte historique dans lequel ce sujet peut se développer est impérative. Recherchez les études qui soutiennent le paradigme de la diversité de la corpulence plutôt que celui de «la graisse-est-malsaine». Les articles de journaux soutenant un point de vue basé sur l'absence de régime et l'acceptation de la corpulence paraissant pratiquement toutes les semaines, ne manquez donc pas de les lire. Ils peuvent servir de matériel parfaitement à jour que vous pourrez communiquer à vos clients ou vos collègues de travail.

2. *Engagez-vous dans un examen permanent de votre attitude et réfléchissez-y d'abord en fonction de son rapport avec votre vie per-*

sonnelle. Si vous êtes une thérapeute, vous devez aborder ce sujet selon la manière dont il affecte votre relation avec votre corps. Ce n'est qu'après que vous pourrez honnêtement examiner la manière de communiquer efficacement avec vos clientes corpulentes.

Brown et Rothblum pensent que les thérapeutes ont besoin de reconnaître sans honte leur propre attitude oppressive vis-à-vis de la graisse avant de pouvoir commencer à s'engager à élever leur conscience vers une meilleure connaissance d'eux-mêmes. Cela devrait assurer qu'ils n'entretiennent pas un climat de préjugé vis-à-vis de la graisse, des personnes grosses et d'eux-mêmes.

3. Soyez conscient de votre éthique professionnelle en travaillant avec des clients souffrant de troubles de l'alimentation et de l'image de leur corps lorsque vous êtes dans un processus d'élévation de votre conscience à ce sujet.

Brown et Rothblum pensent que, pour des thérapeutes à des stades initiaux de développement de leur conscience à propos de la nourriture, de l'alimentation, du poids et de l'image du corps, cela serait un manque d'éthique que de travailler avec des clients ayant les mêmes objectifs. Ils suggèrent donc que les thérapeutes passent plutôt leur temps à créer une attitude «non-oppressive-vis-à-vis-de-la-graisse» dans leurs consultations individuelles et de groupe.

4. Prenez la décision d'avoir des femmes corpulentes comme clientes lorsque vous accepterez la corpulence sans régime dans votre propre vie. Vous serez alors plus à l'aise pour l'utiliser comme une option dans leur traitement.

Il est important de savoir si l'acceptation de la corpulence sans régime est une perspective avec laquelle vous pouvez travailler lorsque vous traitez des femmes grosses. Vous devez tenir compte de l'éthique pour continuer à traiter des femmes corpulentes selon le vieux paradigme lorsque vous avez compris que les régimes n'agissent pas et qu'il n'y a pas la moindre preuve pour soutenir les théories psychologiques standard sur les personnes grosses. De plus, si vous ne partagez pas cette opinion, vous risquez d'envoyer un double message à vos clients: «C'est bien pour vous de cesser de faire un régime et d'accepter votre corpulence, mais ça ne l'est pas pour moi.» Si c'est votre cas, il vaudrait probablement mieux envoyer ces clientes ailleurs.

Si vous ne parvenez pas à aller dans ce sens, il vous faut alors développer d'autres approches de traitement. Vous obtiendrez des suggestions en examinant les différents thèmes de ce livre qui proviennent d'entrevues avec des femmes ayant appris à accepter leur corpulence et à utiliser la spirale de l'acceptation comme modèle. Vous pouvez aussi utiliser ce livre comme une «thérapie par la lecture» pour vos clientes ou dans les groupes de soutien et de traitement à l'intention des femmes corpulentes (voir l'annexe 3). Les autres livres suggérés peuvent aussi servir de soutien et de guide dans le processus.

Plus important encore, vous devez donner à vos clientes corpulentes le savoir et le droit de nous remettre en question en tant que thérapeutes si des attitudes de phobie de la graisse font surface au cours de vos séances de traitement avec elles.

J'aimerais maintenant terminer sur ce point: tous les thérapeutes ne peuvent pas travailler avec ces clientes et toutes les clientes ne sont pas prêtes pour le genre d'interventions préconisées dans le présent chapitre. Pousser une cliente à accepter son corps avant qu'elle y soit prête serait inefficace. Avoir une attitude d'acceptation de la corpulence à propos de soi-même et de ses clientes procurerait toutefois un environnement dans lequel elles risqueraient de commencer à assimiler une attitude semblable ou au moins de la considérer comme une option. Comme dans toute situation de thérapie ou de traitement, la responsabilité éthique du praticien est d'être complètement préparé à affronter ses propres préoccupations en accompagnant les clients vers l'objectif qu'ils ont choisi.

Si vous souhaitez obtenir plus d'information à ce sujet, consultez *Overcoming Fear of Fat,* de Brown et Rothblum. Je vous recommande aussi plusieurs autres articles professionnels qui examinent le rôle de la thérapie dans le traitement des personnes grosses:

162

- «Confronting the Failure of Behavioral and Dietary Treatments of Obesity», de Garner et Wooley, dans *Clinical Psychology Review* 11 (1991), pages 729 à 780.
- «Ethical Issues in the Treatment of Weight-Dissatisfied Clients», de Connors et Melcher, dans *Professional Psychology: Research and Practice* 24, 4 (1993), pages 404 à 408.
- «Alternatives in Obesity Treatment: Focusing on Health for Fat Women», de Burgard et Lyons, dans *Feminist Perspectives on Eating Disorders,* Fallon, Kratzman et Wooley éditeurs, 1994.
- «To Be Recovered and Fat», de Marcia Hutchinson, dans *Full Lives: Women Who Have Freed Themselves from Food and Weight Obsession,* Hall Curze Books éditeur, 1993.

Annexe 3

Groupe de soutien basé sur ce livre

Bien que la plupart des lecteurs de ce livre l'utilisent comme un guide personnel d'acceptation de leur corpulence, certains souhaiteront former un groupe pour pouvoir discuter de ses idées*.

---

* Ce guide peut aussi être utilisé par des thérapeutes intéressés à former des groupes de thérapie pour des femmes désireuses de mieux s'accepter et d'accepter leur corpulence. Comme tous les thérapeutes le savent, la thérapie de groupe est plus orientée vers le sentiment d'appartenance et possède une structure moins rigide que la thérapie individuelle. Toutefois — je ne le répéterai jamais assez—, si vous êtes un thérapeute engagé dans cette voie, vous devez aider vos clientes à acquérir la connaissance dont elles ont besoin pour soutenir le concept d'acceptation de leur corpulence sans régime alimentaire. La société étant fortement engagée dans le paradigme des régimes et de «la-minceur-à-tout-prix», le fait de ne s'occuper que des sentiments à propos de la corpulence risque de ne pas être suffisant pour contrecarrer le message de la société. Mais une approche psycho-éducative peut convenir à ce travail. Pour un modèle de ce genre de groupe, consultez *Beyond Dieting: Psycho-educational Interventions for Chronically Obese Women: A Non-Dieting Approach,* par Donna Ciliska (Bruner/Mazel, 1990).

Ce qui suit n'est qu'une suggestion. Vous pouvez l'utiliser, le modifier, annuler des éléments ou rajouter ceux qui conviendront à vous et à votre groupe. Faites-vous confiance pour savoir ce dont vous avez besoin.

Vous pouvez réunir un groupe pour discuter de tout ceci sans l'aide d'un professionnel. Toutefois, n'oubliez pas qu'un groupe de soutien est différent d'un groupe de thérapie. Les membres d'un groupe de soutien doivent d'abord lire de leur côté et venir ensuite discuter des idées, échanger des pensées et des sentiments et généralement se soutenir les uns les autres durant le processus. Le groupe de soutien est souvent structuré autour de sujets définis et de lectures à faire entre les réunions.

Les consignes suivantes s'appliquent à un groupe fermé — aucun nouveau membre ne peut être ajouté après constitution — comportant un maximum de huit participants qui se rencontrent pendant environ deux heures à chaque réunion. Des changements peuvent être effectués en fonction des circonstances particulières de chaque groupe. En règle générale, j'encourage les membres du groupe à faire des lectures entre chaque réunion et à conserver un journal de leurs réponses personnelles pour leurs lectures et les réunions.

Groupe de soutien basé sur *Ronde et épanouie!*

SEMAINE 1: Présentation des membres du groupe avec la raison de leur présence et ce qu'ils espèrent retirer de leur participation. Chaque membre prend la parole à son tour.

Discussion des règles de fonctionnement du groupe, choix des lectures, choix de la longueur des discussions, choix de la participation de chacun aux discussions, surveillance de la répartition du temps et choix d'un président de réunion.

Discussion des règles de base pour le groupe et accord sur les politiques concernant la participation au groupe, la procédure de départ du groupe, la confidentialité et d'autres sujets comparables.

Organisation de la réunion suivante (date, heure, lieu). Assignation de la lecture de l'«Introduction» et de l'annexe 1, «Un mot sur les régimes et l'alimentation compulsive», pour discussion lors de la réunion suivante.

Après la première réunion, début d'un journal intime pour chaque membre et rédaction de ses propres réponses et de ses lectures.

SEMAINE 2: Début officiel de la réunion en commençant par une prise de contact progressive. Une des manières d'y parvenir est d'instituer un tour de table, ce qui signifie que chaque membre peut parler à son tour. Il est indispensable que chacun dise au moins quelque chose au début de la réunion de manière qu'il se sente membre du groupe dès le début. Le tour de table de cette réunion consiste à résumer brièvement les réponses de chacun à l'introduction du livre, en notant les similitudes et les différences entre les expériences de l'auteur et les vôtres.

Racontez à tour de rôle vos histoires de régimes et de comportements alimentaires. Utilisez cette période pour raconter ce que vous pensez et ressentez à propos des régimes ainsi que vos succès et vos échecs.

Discutez des possibilités de ne pas faire de régime pendant que vous faites partie du groupe. Discutez de vos risques personnels de ne pas vous peser pendant la durée d'existence du groupe.

Si certains membres du groupe vivent une histoire d'alimentation compulsive, encouragez-les à lire les ouvrages mentionnés dans ce livre. Celles qui n'ont plus ce genre de problèmes doivent envisager de raconter comment elles s'en sont débarrassées.

167

Assignez la lecture du premier chapitre pour la semaine suivante. En lisant ce chapitre à la maison, trouvez les idées dont vous voulez discuter lors de la prochaine réunion. Rédigez votre journal à propos de cette réunion ou des lectures assignées ou volontaires.

SEMAINE 3: Commencez officiellement la réunion en effectuant un tour de table. Une manière de procéder est de raconter rapidement une de vos pensées, un de vos sentiments ou un de vos changements de comportement sur la nourriture, l'alimentation, les régimes ou votre corpulence depuis la semaine dernière.

Discutez des différents points d'intérêt de vos lectures de la manière établie par les membres du groupe. Il n'est pas indispensable de discuter de tout le contenu de ce chapitre. Mais il *est* indispensable de discuter de tout ce que les membres du groupe apportent et d'être tous d'accord sur le fait que tout a été dit sur ce chapitre avant de poursuivre.

Décidez de passer au chapitre 2 pour la prochaine réunion ou de continuer la discussion avec le premier chapitre.

Rédigez votre journal intime à la maison à propos de cette réunion et de vos lectures.

SEMAINE 4: À partir de maintenant et jusqu'à la dernière réunion, même déroulement que pour la semaine 3. Commencez officiellement en faisant un tour de table pour prendre contact. Vous pouvez procéder comme pour la semaine 3 ou différemment. Discutez de ce qui est important dans le chapitre assigné. Assurez-vous que tout le monde ait pu discuter de ce qui leur paraissait important avant de passer au chapitre suivant.

Décidez du sujet ou du chapitre pour la prochaine réunion.

Rédigez votre journal intime à la maison concernant vos réponses au cours de la réunion et vos lectures.

Dernière réunion: même organisation que pour les précédentes, sauf qu'à la fin de celle-ci, les membres du groupe doivent décider s'ils continuent à se réunir pendant une autre période déterminée (six ou huit semaines de plus, par exemple).

À ce stade, certains peuvent décider de quitter le groupe parce qu'ils sentent qu'ils ont terminé ou pour d'autres raisons. Ils doivent se sentir libres d'agir ainsi. Assurez-vous que des adieux sont faits à ceux qui ne souhaitent pas revenir. Une manière de procéder est que chaque participant dise quelque chose de positif à ceux qui s'en vont; la manière dont ils ont affecté positivement le groupe ou ses membres, ou une qualité que les autres membres ont admirée. Le but de ceci est que les membres quittent le groupe avec une expérience positive et permettent à ceux qui restent de se sentir satisfaits de leurs adieux.

Ceux qui ont décidé de continuer peuvent vouloir discuter de l'ouverture éventuelle du groupe à de nouveaux membres. Pour des questions de confidentialité, ceux qui continuent doivent simplement se souvenir de ne jamais discuter de ceux qui sont partis.

Il existe plusieurs sortes de variantes pour ces règles de fonctionnement. Vous pouvez inclure d'autres livres sur des sujets relatifs à l'acceptation de la corpulence. Vous pouvez aussi vouloir adapter les idées à la fin de chaque chapitre à des exercices de groupe. Des idées de rédaction du journal peuvent être incorporées aux groupes dont les membres aiment écrire. Les films et les vidéos mentionnés dans ce livre peuvent être visionnés et discutés. Votre groupe peut éventuellement aller écouter une conférence organisée dans votre communauté. Si une émission de télévision traite de ce sujet (c'est une source renouvelée de débats télévisés), enregistrez-la et utilisez-la pour des discussions. Les possibilités sont aussi variées que peuvent l'être les membres du groupe. Soyez créative. Amusez-vous. Exprimez-vous. Explorez de nouvelles idées. Partagez-les avec autrui. Écoutez les autres. Évitez de donner des conseils. Et n'oubliez jamais qu'il s'agit d'un processus rentable à long terme.

Notes

Introduction

1. Pour plus d'information à propos de l'alimentation et de la corpulence, lire «Should Obesity Be Treated at All», de Wooley et Wooley, dans *Eating and Its Disorder*, Stankard and Stellar éditeurs (Raven Press, 1984). Voir aussi *Overcoming Fear of Fat*, Brown and Rothblum éditeurs (Harrington Park Press, 1989).

2. Pour plus d'information à propos de la relation entre la corpulence et les troubles de l'alimentation, lire «Body Image Discordance in Eating Disorders», de Rosen, dans *Body Images: Development, Deviance and Change*, Cash and Pruzinsky éditeurs (Guilford Press, 1990); *Overcoming Fear of Fat*, Brown and Rothblum éditeurs; et «To Be Recovered and Fat», de Marcia Hutchinson dans *Full Lives*, Lindsay Hall éditeur (Gurze Books, 1993).

3. Ma propre thèse, «Nothing to Lose: A Naturalistic Study of Size Acceptance in Fat Women» (1991) est disponible chez University Microfilms International, Publication 91 27666.

4. Pour plus d'information sur l'échec des régimes amaigrissants, voir *The Dieter's Dilemma*, de Bennett et Gurin (Basic Books, 1982); *Don't Diet*, de Dale Atrens (William Moro, 1988); et *The Health Risks of Weight Loss*, de Frances Berg (1993).

5. Pour plus d'information sur la puissance des mythes et des histoires, lire *Women Who Run with the Wolves*, de Clarissa Pinkola Estés (Ballantine, 1992).

Chapitre premier: Peut-on être mince au-dedans et corpulente au-dehors?

1. Pour plus d'information sur la mythologie de la déesse, lire *The Once and Future Goddess*, d'Elinor Gadon (Harper San Francisco, 1989) et *Goddess and Heroines*, de Patricia Monaghan (Dutton, 1981).

2. La brève histoire de la corpulence des femmes et des tableaux taille/poids de ce chapitre est presque exclusivement extraite de *Never Too Thin: Why Women Are at War with Their Bodies*, de Roberta P. Seid (Prentice Hall, 1989). Une autre bonne source d'information se trouve dans *Never Satisfied: A Cultural History of Diet, Fantasies and Fat*, de Hillel Schwartz (Free Press, 1986). Pour une version condensée de ce point de vue historique, voir «Too Close to the Bones: The Historical Context for Women's Obsession with Slenderness», de Roberta P. Seid, dans *Feminist Perspectives on Eating Disorders*, Fallon, Katzman and Wooley éditeurs (Guilford Press, 1994).

3. Pour plus d'information sur l'étude d'Ancel Key *et al.* qui soutient ce point de vue, voir «Rethinking Obesity: An Alternative View of its Health Implication», de Paul Ernsberger et Paul Haskew dans *Journal of Obesity and Weight Regulation*, 1987.

4. Pour plus d'information sur le rôle de Dublin dans le changement des définitions de l'excès de poids et de l'obésité, voir *Never Too Thin: Why Women Are at War With Their Bodies*, de Seid (Prentice Hall, 1989).

5. Pour plus d'information sur une récente analyse des tableaux de correspondance taille/poids, voir le chapitre «Obesity» dans *Lifespan: Who Lives Longer and Why*, de Thomas J. Moore (Simon & Schuster, 1993).

6. Pour plus d'information sur le tableau de poids sains, voir «Nutrition and Your Health: Dietary Guidelines for Americans», publié par les Ministères américains de l'agriculture et de la santé et des ressourses humaines, 1990.

7. Pour plus d'information sur les définitions de l'obésité légère, modérée et grave de Stunkard, voir «The Current Status of

Treatment for Obesity in Adults» dans *Eating and Its disorders,* Stunkard and Stellar éditeurs (Raven Press, 1984); et «Confronting the Failure of Behavioral and Dietary Treatments for Obesity», de Garner et Wooley dans *Clinical Psychology Review,* 11 (1991).

8. Pour plus d'information sur la définition des femmes corpulentes à risques de Stunkard, voir le vidéo *Being Obese,* produit par le Grandview Hospital and Medical Center, Health Education Programs, 1985.

9. Pour plus d'information sur le sondage de Susan Wooley pour le magazine *Glamour,* voir «We'll Always Be Fat But Fat Can Be Fit», de Sternhell, *Ms.,* mai 1985.

10. Pour plus d'information sur la partie des croyances et faits de ce chapitre, voir:

Croyance 1: *Don't Diet,* de Dale Atrens, (William Morrow, 1988).

Croyance 2: «Eating Habits of Obese and Normal Weight Humans», de Kissileff, Jordan et Lewitz, dans *International Journal of Obesity,* 2 (1978); «Should Obesity Be treated at All?», de Wooley et Wooley, dans *Eating and its Desorders,* Stunkard and Stellar éditeurs.

Croyance 3: «Body Image Disturbances in Eating Disorders», de Rosen, dans *Body Images: Development, Deviance and Change,* Cash et Pruzinsky éditeurs (Guilford Press, 1990); *Overcoming Fear of Fat,* Brown and Rothblum éditeurs (Harrington Park Press, 1989); «To Be Recovered and Fat», de Hutchinson, dans *Full Lives,* Lindsey Hall éditeur (Gurze Books, 1993).

Croyance 4: Pour plus d'information sur les «pommes» et les «poires» (forme du corps), voir *Diet and Health: Implications for Reducing Chronic Disease Risk,* du National Research Council (National Academy Press, 1989). Pour plus d'information sur les bénéfices pour la santé attribuables à l'obésité, voir Ernsberger et Haskew ainsi que Dale Aterns, déjà cités. Les études interculturelles des îles Samoa sont tirées des entretiens de Price avec Margaret MacKenzie, «Food Fixations and Body Biases: An Anthropologist Analyzes American Attitudes» dans *Radiance,* été 1989. L'étude de Guam est «The Influence of Obesity on the Self-

Reported Health Status of Chamorros and Other Residents of Guam», de Pinhey, Heathcote et Rarik, dans *Asian American and Pacific Islander Journal of Health,* 2, 3, été 1994. Voir aussi *Shadow on a Tightrope,* Schoenfielder and Weiser éditeurs (Aunt Lute Press, 1983).

Croyance 5: Voir *Lifespan,* de Moore, pour plus d'information sur les facteurs de risques (plutôt que de maladies) de l'obésité, de l'hypertension artérielle et de l'hypercholestérolémie. Ernsberger et Haskew pour le reste de cette croyance.

Croyance 6: «An Adoption Study of Human Obesity», de Stunkard *et al.,* dans *The New England Journal of Medicine,* 314, 4, pages 193 à 197, janvier 1986; et «Personality Similarities in Twins Reard Apart and Together», de Bouchard *et al.,* dans le *Journal of Personality and Social Psychology,* 54, 6, pages 1031 à 1039, 1988. Pour plus d'information sur le gène de l'obésité, voir «Researchers Link Obesity in Humans to Flaw in a Gene» dans *New York Times,* 1er décembre 1994; «A Gene That Says No More» dans *Newsweek,* 12 décembre 1994; et «What Really Plumps You Up» dans *U.S. News and World Report,* 12 décembre 1994.

Croyance 7: *The Dieter's Dilemma,* de Benett et Gurin (Basic Books, 1982). Pour plus d'information sur l'obésité induite par les régimes, voir *Never Too Thin,* de Seid. Pour plus d'information sur la consommation de calories chez les personnes grosses, voir «Obesity and Women 1 — A Closer Look at the Facts», de Wooley et Wooley dans *Women's Studies International Quarterly,* 2, pages 69 à 79, 1979. Pour une mise à jour concise sur les régimes, voir *The Health Risks of Weight Loss,* de Frances Berg (1993).

Croyance 8: Pour plus d'information sur l'enquête de la Federal Trade Commission sur l'industrie des régimes, contacter la NAAFA. Pour plus d'information sur l'usage de médicaments pour contrôler le poids et la corpulence, voir «Winning The Weight War» produit par le magazine télévisé *48 Hours.* Pour plus d'information sur les chercheurs en matière d'obésité propriétaires d'une entreprise de régime, voir le chapitre «Obesity» dans *Lifespan,* de Moore. Pour plus d'information sur le régime à faible teneur en gras, voir les articles «How Low Can We Go?», de Fraser dans

174

Vogue, janvier 1994 et «A Food Lovers Guide to Fat», de Shapiro, dans *Newsweek,* 5 décembre 1994.

Croyance 9: «Great Shape: The First Fitness Guide for Large Women», de Lyons et Burgard (Bull Publishing, 1989). «Fat and Fit?», de Rubin, dans *U.S. News and World Report,* 16 mai 1994.

Croyance 10: «Should Obesity Be Treated at All?», de Wooley et Wooley, dans *Eating and its Disorders,* Stunkard and Stellar éditeurs. Voir aussi *Bodylove,* de Freedman (Harper & Row, 1989); et «Alternatives in Obesity Treatment: Focusing on Health For Fat Women», de Burgard et Lyons, dans *Feminist Perspectives on Eating Disorders,* Fallon, Katzman Wooley éditeur.

11. Pour plus d'information à propos du Rapport 1992 de l'Institut national de la santé, voir «Methods of Voluntary Weight Loss and Control» dans *Annals of Internal Medecine,* 116, 11 (1992).

12. Pour plus d'information sur les jeunes femmes qui imitent des mannequins très minces, voir *Healthy Weight Journal,* été 1994, publié par Frances Berg.

13. Pour plus d'information concernant les graisses saturées et l'étude sur le prolongement de l'espérance de vie mentionnée dans ce chapitre, voir l'étude d'août 1994 dans *American Medical Association's Archives of Internal Medicine,* par le docteur Steven Grover.

14. Pour plus d'information sur l'étude de 1994 montrant que les marcheurs lents brûlaient plus de graisse, contactez le Cooper Institute of Aerobic's Research.

15. Pour plus d'information sur la possibilité de devenir une femme corpulente et en bonne santé, consultez:

À propos d'une alimentation saine: *Beyond Dieting,* de Ciliska (Bruner/Mazel, 1990); *Overcoming Overeating,* de Hirschman et Muntyer (Fawcett Columbine, 1988); *Making Peace with Food,* de Kano (Harpers & Row, 1989); *Fed-Up!,* de Garrison (Carroll & Graf, 1993); *Bodytrust: Undieting Your Way to Health and Happiness,* vidéo produit par Dayle Hayes et l'American Dietetic Association.

À propos de la relation entre l'estime de soi et le régime alimentaire, voir l'étude *Correlates of Self-Esteem, Perceived Control, Body Size Acceptance And Intention to Lose Weight in Women over*

Two Hundred Pounds (1991), de Deborah Burgard, chez University Microfilms, Publication 91 15186.

Sur l'étude de l'exercice physique: *Great Shape*, de Lyons et Burgard; «Fat and Fit?», de Rubin. Pour continuer avec votre vie, lisez le reste de ce livre.

Chapitre 2: Ces gros mensonges sur l'embonpoint

1. Pour plus d'information sur la National Association to Advance Fat Acceptance (NAAFA), communiquer avec cet organisme.

2. Pour plus d'information sur la raison pour laquelle les régimes amaigrissants sont inefficaces, voir *The Dieter's Dilemma*, de Bennett et Gurin (Basic Books, 1982); *Don't Diet*, de Atrens (William Morrow, 1988); et *Fed-Up!*, de Garrison (Carroll & Graf, 1993).

3. Pour plus d'information sur les attitudes des thérapeutes avec les femmes corpulentes, voir «La femme grosse» dans *Le psy bourreau de l'amour: 10 cas vécus par un grand psychiatre américain*, de Yalom (Albin Michel, 1991); et *Overcoming Fear of Fat*, Brown and Rothblum éditeurs (Harrington Park Press, 1989).

Chapitre 3: Du plus profond de nous-mêmes: l'image de soi

1. Pour plus d'information sur le concept de soi et les préoccupations relatives au poids chez les femmes, voir «Eating Disorders: Obesity and Anorexia», de Susan et Wayne Wooley, dans *Women and Psychotherapy*, Brodsky and Hare-Mustin éditeurs (Guilford Press, 1980).

2. Pour les autres articles relatifs au concept et à l'estime de soi chez les femmes corpulentes, voir «Obesity and Women I — A Closer Look at the Facts» et «Obesity and Women II — A Neglected Feminist Topic», de Wooley et Wooley, dans *Women's Studies International Quarterly*, 2 (1979). Ainsi que «Should Obesity Be Treated at All?» dans *Eating and its Disorders*, Stunkard and Stellar éditeurs (Raven Press, 1984).

3. Pour plus d'information sur les bénéfices de vivre dans le moment présent, voir *Be Here Now* de Ram Dass (Crown

Publishing, 1971) et *On Becoming a Person*, de Carl Rogers (Houghton Mifflin, 1961).

Chapitre 4: De l'extérieur de nous-mêmes: l'image du corps
1. Pour plus d'information sur le sondage de *Psychology Today*, voir *Body Images: Development, Deviance and Change*, Cash and Bruzinsky, éditeurs (Guilford Press, 1990).
2. Pour plus d'information sur la raison pour laquelle la cellulite est devenue un mot courant dans le vocabulaire des femmes, voir *Never Too Thin: Why Women Are at War with Their Bodies*, de Seid (Prentice-Hall, 1989), chapitre 10.
3. Pour plus d'information sur le culte des régimes à faible teneur en matières grasses, voir «How Low You Can Go?», de Fraser, dans *Vogue*, janvier 1994 et «A Food Lover's Guide to Fat», de Shapiro, dans *Newsweek*, 5 décembre 1994.
4. Pour plus d'information sur la dépression et l'image du corps, voir «Body Image, Physical Attractiveness and Depression», de Noles, Cash et Winstead, dans *Journal of Consulting and Clinical Psychology*, 53, pages 88 à 94, 1985.

Chapitre 5: L'esprit en action: implication dans quelque chose de plus grand que soi
1. Pour plus d'information sur l'esprit et l'âme, voir les livres de Thomas Moore dont *Les âmes sœurs*, Le Jour, éditeur, 1995.
2. Pour plus d'information sur la psychologie humaniste, contactez l'Association for Humanistic Psychology (AHP).
3. Pour plus d'explication sur ce que signifie une «personne professionnelle et grosse», voir «What's Up? What's Wrong? What's New?» de Pat Lyons dans *Radiance*, hiver 1991.
4. Pour plus d'information sur la manière dont l'isolement peut entraîner le stress et d'autres attitudes malsaines, voir «Healing the Heart», de Taylor, dans *New Age Journal*, juillet/août 1990. Voir aussi «Fitness, Feminism and the Health of Fat Women», de Pat Lyons dans *Overcoming Fear of Fat*, Brown and Rothblum éditeurs (Harrington Park Press, 1989).

5. Pour plus d'information sur le rôle du soutien dans la vie des femmes qui acceptent leur corpulence, voir *Transforming Body Image*, de Marcia Hutchinson (Crossing Press, 1985).

Chapitre 6: La spirale de l'acceptation

1. L'émission de télévision dont il est question est le Jerry Springer Show. Celle que je cite a été diffusée le 4 janvier 1993. La situation débattue entre le médecin et moi était un procès de l'État de New York. L'État essayait de retirer deux petites filles grosses de cinq et huit ans de leur foyer à cause de leur poids (elles pesaient respectivement 72 kg (160 lb) et 90 kg (200 lb) et condamnait les parents pour négligence. Il n'y avait aucune autre forme d'abus signalé, ni physique, ni sexuel, ni émotionnel. L'État trouvait que les parents mettaient la vie des fillettes en danger en les laissant grossir. La famille s'est battue contre l'État et a pu conserver les enfants à la maison, ce qui lui a coûté très cher. Vous pouvez obtenir une copie de ce vidéo en en faisant la demande.

2. Ma thèse «Nothing to Lose: A Naturalistic Study of Size Acceptance in Fat Women» (1991) peut être commandée à University Microfilms International, Publication 91 27666.

3. Pour plus d'information sur le discours intérieur positif, voir les livres de Aaron Beck, Ph.D., comme *Cognitive Therapy and the Emotional Disorders* (International University Press, 1976). Le docteur Beck est à l'origine de l'utilisation de techniques cognitives (de pensée) pour contrôler les émotions. Voir aussi *Feeling Good*, de David Burns (William Morrow, 1980), et *Bodylove*, de Rita Freedman (Harper & Row, 1989).

4. Pour plus d'information sur la technique de recadrage en relation avec l'image du corps, voir *Bodylove* de Freedman.

5. Pour plus d'information sur la technique de «faire comme si», voir *Psychosynthèse, principe et techniques* (Epi, 1983), et *La volonté libératrice*, de Roberto Assagioli (Brêtte A., 1989).

6. Pour plus d'information sur la vie personnelle de femmes corpulentes qui servent de modèles, voir *Come Out, Come Out,*

Wherever You Are, de Carole Shaw (American R. R. Publishing, 1982); *Breaking All the Rules,* de Nancy Roberts (Penguin, 1985); «Joyous Body: Wild Flesh», de Clarissa Pinkola Estés dans *Women Who Run with the Wolves* (Ballantine, 1992); et *Journeys to Self-Acceptance: Fat Women Speak,* de Carol Wiley (Crossing Press, 1994).

Chapitre 7: Si vous envisagez la thérapie...

1. Pour plus d'information sur la vision de Freud à propos des personnes corpulentes, voir *Freud, mon père,* par son fils, Martin Freud (Denoël, 1975).

2. Pour plus d'information sur les autres théories psychologiques sur l'excès de poids, voir «Leaner, Not Lighter», de Joel Gurin dans *Psychology Today,* juin 1989.

3. Pour plus d'information sur les Overeaters Anonymous, voir *Compulsive Overeater* de Bill B. Pour une critique des Overeaters Anonymous, voir «Hi, I'm... a Compulsive Overeater», de Katherine Van Wormer, dans *Feminist Perspectives on Eating Disorders,* Fallon, Katzman and Wooley éditeurs (Guilford Press, 1994).

4. Pour plus d'information sur l'abus sexuel et le poids, lire n'importe quel magazine féminin paru en 1993-1994 sur Roseanne Arnold ou Oprah Winfrey (ou regardez une des émissions d'Oprah Winfrey sur son poids, comme «Conversations» avec des femmes obèses, les émissions de Geneen Roth diffusées en novembre 1992 et le débat sur la discrimination envers les personnes grosses, diffusé en 1994). Roseanne et Oprah parlent toutes deux des liens existant entre leur propre abus sexuel et leur manière de manger, d'où leurs problèmes de poids. La difficulté avec ce genre de publicité est qu'elles croient (et tout le monde le ferait) que l'abus sexuel est une préoccupation pour la plupart ou toutes les femmes corpulentes.

Pour une critique sur l'opinion que l'abus sexuel et l'excès de poids sont reliés, voir «The Overeating Myth», de Nancy Barron, dans l'édition de décembre 1992 de *BBW (Big Beautiful Woman).*

Une remarque finale sur Oprah Winfrey: Elle exprime de manière justifiée son opinion que toutes les personnes grosses ont des problèmes affectifs qui, malheureusement, sont visibles sur leur corps. Je ne tire aucune conclusion sur la véracité de ce fait pour elle lorsqu'elle était plus grosse. Toutefois, je ne partage pas cette opinion lorsqu'elle insiste sur le fait qu'il est valable pour toutes les personnes grosses. Il ne l'est pas.

5. Pour plus d'information sur l'interprétation symbolique des femmes et de leur corpulence, voir *Fat is a Feminist Issue,* de Susie Orbach (Berkeley Books, 1978). Pour une critique de cette théorie par quelqu'un qui a suivi une thérapie de groupe avec le centre pour femmes pour lequel Orbach travaillait, voir *Breaking All the Rules,* de Nancy Roberts (Penguin, 1985). Pour une autre critique, voir *Never Too Thin,* de Seid (Prentice-Hall, 1989).

6. Pour plus d'information sur le programme de Janet Greeson basé sur la dépression clinique des femmes corpulentes hospitalisées, voir l'émission de télévision *48 Hours,* mars 1994, «Winning the Weight War».

7. Pour plus d'information sur les femmes corpulentes et leur colère contre leur mère, voir *Fat and furious,* de Juddy Hollis (Ballantine, 1992).

8. Pour plus d'information sur la théorie nouvel âge du contrôle du poids, voir *A Return to Love,* de Marianne Williamson (pour des détails sur sa propre bataille avec le poids, *HarperCollins,* 1992), et *A Woman's Worth* (pour ses opinions sur les femmes grosses, pages 25 à 28, Random House, 1993).

9. Pour plus d'information sur un regard psychologiquement sain sur le poids et le corps des femmes, voir «Joyous Body: Wild Flesh», de Clarissa Pinkola Estés, dans *Women Who Run with the Wolves* (Ballantine, 1992).

10. Pour plus d'information sur nos perceptions du monde formées grâce à sa construction sociale, voir *The Invented Reality: How Do We Know What We Believe We Know?,* de Paul Watzlawik (W. W. Norton, 1984).

11. Pour plus d'information sur la théorie de la diversité de la corpulence humaine, voir «The Fat Illusion», de Vivian Mayer, dans

180

Shadow on a Tightrope, Schoenfielder and Wiser éditeurs (Aunt Lute Press, 1983).

12. Pour plus d'information sur l'abonnement à *Radiance,* appelez le magazine. Pour plus d'information à propos des services de référence de la NAAFA, appelez l'association. La NAAFA possède aussi certains documents sur les thérapies (brochures sur les troubles de l'alimentation et bulletin NAAFA, juin/juillet 1994). Pour plus d'information sur l'AHELP, téléphonez ou écrivez à l'organisation.

13. Pour plus d'information sur la honte, voir «The Shame Trap» de Judith Rodin dans *Body Traps* (William Morrow, 1992).

14. La citation sur la honte souvent employée par Susan Wooley provient du livre de Carol Sternhell «We'll Always Be Fat But Fat Can Be Fit» dans *Ms.,* mai 1985.

15. Pour des informations plus complètes sur le choix d'un thérapeute et sur le processus de la thérapie, voir «Using Professional Assistance», de Karen Johnson, dans *Trusting Ourselves: The Complete Guide to Emotional Well-Being for Women* (Alantic Monthly Press, 1991).

Table des matières

LES ÉDITIONS DE
L'HOMME

Ouvrages parus aux
Éditions de l'Homme

Affaires et vie pratique

* 1001 prénoms, leur origine, leur signification, Jeanne Grisé-Allard
  100 stratégies pour doubler vos ventes, Robert L. Riker
* Acheter et vendre sa maison ou son condominium, Lucille Brisebois
* Acheter une franchise, Pierre Levasseur
* Les assemblées délibérantes, Francine Girard
* La bourse, Mark C. Brown
* Le chasse-insectes dans la maison, Odile Michaud
* Le chasse-insectes pour jardins, Odile Michaud
* Le chasse-taches, Jack Cassimatis
* Choix de carrières — Après le collégial professionnel, Guy Milot
* Choix de carrières — Après le secondaire V, Guy Milot
* Choix de carrières — Après l'université, Guy Milot
* Comment cultiver un jardin potager, Jean-Claude Trait
  Comment rédiger son curriculum vitæ, Julie Brazeau
* Comprendre le marketing, Pierre Levasseur
  La couture de A à Z, Rita Simard
  Des pierres à faire rêver, Lucie Larose
* Des souhaits à la carte, Clément Fontaine
* Devenir exportateur, Pierre Levasseur
* L'entretien de votre maison, Consumer Reports Books
* L'étiquette des affaires, Elena Jankovic
* Faire son testament, Me Gérald Poirier et Martine Nadeau
* Gérer ses ressources humaines, Pierre Levasseur
  La graphologie, Claude Santoy
* Le guide de l'auto 96, J. Duval
* Guide des fleurs pour les jardins du Québec, Benoit Prieur
* Le guide des plantes d'intérieur, Coen Gelein
* Guide des plantes pour la maison, Benoit Prieur
* Guide du jardinage et de l'aménagement paysager au Québec, Benoit Prieur
* Guide du potager, Benoit Prieur
* Le guide du vin 96, Michel Phaneuf
* Guide gourmand 96 - les 100 meilleurs restaurants de Montréal, Josée Blanchette
  Guide pratique des vins d'Italie, Jacques Orhon
* J'aime les azalées, Josée Deschênes
* J'aime les bulbes d'été, Sylvie Regimbal
  J'aime les cactées, Claude Lamarche
* J'aime les conifères, Jacques Lafrenière
* J'aime les petits fruits rouges, Victor Berti
  J'aime les rosiers, René Pronovost
* J'aime les tomates, Victor Berti
* J'aime les violettes africaines, Robert Davidson
  J'apprends l'anglais..., Gino Silicani et Jeanne Grisé-Allard
  Le jardin d'herbes, John Prenis
* Lancer son entreprise, Pierre Levasseur
* La loi et vos droits, Me Paul-Émile Marchand
* Le meeting, Gary Holland
  Le nouveau guide des vins de France, Jacques Orhon
* Nouveaux profils de carrière, Claire Landry
  L'orthographe en un clin d'œil, Jacques Laurin
* Ouvrir et gérer un commerce de détail, C. D. Roberge et A. Charbonneau

* **Le patron,** Cheryl Reimold
* **Le petit paradis,** France Paradis
* **La planification fiscale étape par étape,** Diane Blais et Michel Lanteigne
* **Prévoir les belles années de la retraite,** Michael Gordon
  Le rapport Popcorn, Faith Popcorn
* **Les secrets d'une succession sans chicane,** Justin Dugal
  La taxidermie moderne, Jean Labrie
* **Les techniques de jardinage,** Paul Pouliot
  Techniques de vente par téléphone, James D. Porterfield
* **Tests d'aptitude pour mieux choisir sa carrière,** Linda et Barry Gale
* **Tout ce que vous devez savoir sur le condominium,** Robert Dubois
  Une carrière sur mesure, Denise Lemyre-Desautels
  L'univers de l'astronomie, Robert Tocquet
  La vente, Tom Hopkins

Affaires publiques, vie culturelle, histoire

* **Apprécier l'œuvre d'art,** Francine Girard
* **Autopsie d'un meurtre,** Rick Boychuk
* **La baie d'Hudson,** Peter C. Newman
* **Banque Royale,** Duncan McDowall
* **Claude Léveillée,** Daniel Guérard
* **Les conquérants des grands espaces,** Peter C. Newman
* **Dans la fosse aux lions,** Jean Chrétien
* **Le déclin de l'empire Reichmann,** Peter Foster
* **Deux verdicts, une vérité,** Gilles Perron et Daniel Daignault
* **Les écoles de rang au Québec,** Jacques Dorion
* **Étoiles et molécules,** Élizabeth Teissier et Henri Laborit
  La généalogie, Marthe F. Beauregard et Ève B. Malak
  Gilles Villeneuve, Gerald Donaldson
  Gretzky — Mon histoire, Wayne Gretzky et Rick Reilly
* **Les insolences du frère Untel,** Jean-Paul Desbiens
* **Jacques Parizeau, un bâtisseur,** Laurence Richard
* **Moi, Mike Frost, espion canadien...,** Mike Frost et Michel Gratton
* **Montréal au XXᵉ siècle - regards de photographes,** Collectif dirigé par Michel Lessard
  Montréal, métropole du Québec, Michel Lessard
* **Les mots de la faim et de la soif,** Hélène Matteau
* **Notre Clémence,** Hélène Pedneault
* **Objets anciens du Québec – La vie domestique,** Michel Lessard
* **Option Québec,** René Lévesque
  Parce que je crois aux enfants, Andrée Ruffo
* **Pierre Daignault, d'IXE-13 au père Ovide,** Luc Bertrand
* **Plamondon — Un cœur de rockeur,** Jacques Godbout
* **Pleins feux sur les... services secrets canadiens,** Richard Cléroux
  Québec, ville du Patrimoine mondial, Michel Lessard
* **Les Quilico,** Ruby Mercer
  René Lévesque, portrait d'un homme seul, Claude Fournier
  Sauvez votre planète!, Marjorie Lamb
* **La sculpture ancienne au Québec,** John R. Porter et Jean Bélisle
  La stratégie du dauphin, Dudley Lynch et Paul L. Kordis
* **Le temps des fêtes au Québec,** Raymond Montpetit
* **Trudeau le Québécois,** Michel Vastel
* **Un amour de ville,** Louis-Guy Lemieux

Cuisine et nutrition

  Les aliments et leurs vertus, Jean Carper
  Les aliments qui guérissent, Jean Carper
  Le barbecue, Patrice Dard

Plein air, sports, loisirs

La technique du ski alpin, Stu Campbell et Max Lundberg
Techniques du billard, Robert Pouliot
* Le tennis, Denis Roch
* Le tissage, Germaine Galerneau et Jeanne Grisé-Allard
Tous les secrets du golf selon Arnold Palmer, Arnold Palmer
La trompette sans professeur, Digby Fairweather
* Les vacances en famille: comment s'en sortir vivant, Erma Bombeck
Le violon sans professeur, Max Jaffa
Voir plus clair aux échecs, Henri Tranquille et Louis Morin
Le volley-ball, Fédération de volley-ball

Psychologie, vie affective, vie professionnelle, sexualité

20 minutes de répit, Ernest Lawrence Rossi et David Nimmons
1001 stratégies amoureuses, Marie Papillon
À dix kilos du bonheur, Danielle Bourque
L'adultère est un péché qu'on pardonne, Bonnie Eaker Weil et Ruth Winter
* Aider mon patron à m'aider, Eugène Houde
Aimer et se le dire, Jacques Salomé et Sylvie Galland
À la découverte de mon corps — Guide pour les adolescentes, Lynda Madaras
À la découverte de mon corps — Guide pour les adolescents, Lynda Madaras
L'amour comme solution, Susan Jeffers
* L'amour, de l'exigence à la préférence, Lucien Auger
Apprendre à dire non, Marcelle Lamarche et Pol Danheux
L'approche émotivo-rationnelle, Albert Ellis et Robert A. Harper
L'art de parler en public, Ed Woblmuth
L'art d'être parents, Dr Benjamin Spock
Balance en amour, Linda Goodman
Bélier en amour, Linda Goodman
Bientôt maman, Janet Whalley, Penny Simkin et Ann Keppler
* Le bonheur au travail, Alan Carson et Robert Dunlop
Cancer en amour, Linda Goodman
Capricorne en amour, Linda Goodman
* Ces hommes qui méprisent les femmes... et les femmes qui les aiment, Dr Susan Forward et
    Joan Torres
Ces visages qui en disent long, Jeanne-Élise Alazard
Changer en douceur, Alain Rochon
Changer ensemble — Les étapes du couple, Susan M. Campbell
Les clés du succès, Napoleon Hill
Comment aider mon enfant à ne pas décrocher, Lucien Auger
Comment communiquer avec votre adolescent, E. Weinhaus et K. Friedman
Comment faire l'amour sans danger, Diane Richardson
* Comment parler en public, S. Barrat et C. H. Godefroy
Comment s'amuser à séduire l'autre, Lili Gulliver
Le complexe de Casanova, Peter Trachtenberg
* Comprendre et interpréter vos rêves, Michel Devivier et Corinne Léonard
La côte d'Adam, M. Geet Éthier
Découvrez votre quotient intellectuel, Victor Serebriakoff
Découvrir un sens à sa vie avec la logothérapie, Viktor E. Frankl
Le défi de vieillir, Hubert de Ravinel
* De ma tête à mon cœur, Micheline Lacasse
La deuxième année de mon enfant, Frank et Theresa Caplan
Devenez riche, Napoleon Hill
* Dieu ne joue pas aux dés, Henri Laborit
Les douze premiers mois de mon enfant, Frank Caplan
Dynamique des groupes, Jean-Marie Aubry
En attendant notre enfant, Yvette Pratte Marchessault
* Les enfants de l'autre, Erna Paris
Les enfants de l'indifférence, Andrée Ruffo
* L'enfant unique — Enfant équilibré, parents heureux, Ellen Peck

Se comprendre soi-même par des tests, Collaboration
Se connaître soi-même, Gérard Artaud
Secrets d'alcôve, Iris et Steven Finz
Les secrets de la flexibilité, Priscilla Donovan et Jacquelyn Wonder
Les secrets de l'astrologie chinoise ou le parfait bonheur, André H. Lemoine
* Se guérir de la sottise, Lucien Auger
S'entraider, Jacques Limoges
* La sexualité du jeune adolescent, Dr Lionel Gendron
Si je m'écoutais je m'entendrais, Jacques Salomé et Sylvie Galland
* Superlady du sexe, Susan C. Bakos
Taureau en amour, Linda Goodman
Tics et problèmes de tension musculaire, Kieron O'Connor et Danielle Gareau
Tout se joue avant la maternelle, Masaru Ibuka
* Travailler devant un écran, Dr Helen Feeley
* Un monde insolite, Frank Edwards
* Un second souffle, Diane Hébert
Verseau en amour, Linda Goodman
* La vie antérieure, Henri Laborit
Vierge en amour, Linda Goodman
Vivre avec un cardiaque, Rhoda F. Levin
Vos enfants consomment-ils des drogues?, Steve Carper et Timothy Dimoff
Vouloir c'est pouvoir, Raymond Hull

Santé, beauté

Alzheimer — Le long crépuscule, Donna Cohen et Carl Eisdorfer
L'arthrite, Dr Michael Reed Gach
Bientôt maman, Penny Simkin, Janet Whalley et Ann Keppler
Le cancer du sein, Dr Carol Fabian et Andrea Warren
* Comment arrêter de fumer pour de bon, Kieron O'Connor, Robert Langlois et Yves Lamontagne
De belles jambes à tout âge, Dr Guylaine Lanctôt
Dormez comme un enfant, John Selby
Dos fort bon dos, David Imrie et Lu Barbuto
* Être belle pour la vie, Bronwen Meredith
L'hystérectomie, Suzanne Alix
L'impuissance, Dr Pierre Alarie et Dr Richard Villeneuve
Initiation au shiatsu, Yuki Rioux
* Maigrir: la fin de l'obsession, Susie Orbach
* Le manuel Johnson & Johnson des premiers soins, Dr Stephen Rosenberg
* Les maux de tête chroniques, Antonia Van Der Meer
Maux de tête et migraines, Dr Jacques P. Meloche et J. Dorion
La médecine des dauphins, Amanda Cochrane et Karena Callen
Mince alors... finis les régimes!, Debra Waterhouse
Perdez du poids... pas le sourire, Dr Senninger
Perdre son ventre en 30 jours, Nancy Burstein
* Principe de la technique respiratoire, Julie Lefrançois
* Programme XBX de l'aviation royale du Canada, Collectif
Renforcez votre immunité, Bruno Comby
Le rhume des foins, Roger Newman Turner
Ronfleurs, réveillez-vous!, Jocelyne Delage et Jacques Piché
La santé après 50 ans, Muriel R. Gillick
Savoir relaxer — Pour combattre le stress, Dr Edmund Jacobson
* Soignez vos pieds, Dr Glenn Copeland et Stan Solomon
Le supermassage minute, Gordon Inkeles
Vivre avec l'alcool, Louise Nadeau

imprimerie gagné ltée

IMPRIMÉ AU CANADA